RUTH KNAUP

Now!

Entschleunigung • Selbstfürsorge • Lebensfreude

JETZT
SORG ICH
GUT FÜR
MICH

Scorpio

Inhalt

Selbstfürsorge

Lebensfreude

JETZT bist *du dran!*

Liebe Leserin, lieber Leser, du hältst mein Buch in den Händen. Das freut mich sehr. Möge es dir ein hilfreicher Reisebegleiter sein – auf dem Weg zu Entschleunigung, Selbstfürsorge und mehr Lebensfreude.

Als Psychologin und Therapeutin beschäftigt mich seit über 15 Jahren die Frage, wie Menschen wieder zu mehr Lebensfreude finden können. Seit vielen Jahren leite ich so genannte »Anti-Burnout-Workshops«, zumeist für Menschen aus helfenden Berufen, also pädagogischen, medizinischen, sozialen und kirchlichen Praxisfeldern. Außerdem begleite ich Einzelklient/innen und Paare in freier Praxis, arbeite als Supervisorin und halte Vorträge auf Tagungen und Kongressen. Da ich auch Tänzerin und Choreografin bin, ist mir wichtig, stets den ganzen Menschen – mit all seiner Kreativität – im Blick zu haben: Körper, Geist und Seele.

Es ist mir eine Herzensangelegenheit, etwas gleich zu Beginn klarzustellen: **Selbstfürsorge hat nichts, aber auch gar nichts mit Egoismus zu tun. Im Gegenteil. Je mehr wir uns selbst mit Achtsamkeit, Mitgefühl und Liebe begegnen, desto aufrichtiger können wir auch anderen mit dieser Haltung begegnen.** Wenn wir aber schneller und schneller im Hamsterrad oder auf der »Erfolgsautobahn« unterwegs sind, geraten nicht nur wir selbst, sondern auch andere schnell mal »unter die Räder«. Erschöpfung macht blind und taub. Das ist gefährlich. Oft ist mir der Irrglaube begegnet, man könne Erschöpfung durch disziplinierteres Zeitmanagement kurieren. Ich glaube inzwischen, es ist genau umgekehrt: Menschen, die dazu neigen, sich selbst auszubeuten, müssen das Gegenteil von Selbstdisziplin lernen, nämlich mehr Selbstfürsorge.
Statt zu versuchen, noch besser zu funktionieren, kannst du beginnen, *weniger* zu funk-

tionieren und mehr darauf zu lauschen, was dich glücklich macht, was dich nährt, was dir Entwicklungsmöglichkeiten bietet.
Deshalb ist dieses Buch als »Dreiklang« aufgebaut:

Die Kunst der **Entschleunigung** versetzt uns überhaupt erst in die Lage, unsere eigenen Bedürfnisse wieder zu hören.
Mit dem Entwickeln gesunder **Selbstfürsorge** können wir die Verantwortung für uns selbst übernehmen – wozu auch das Heilen alter Kränkungen gehören kann.
Und in dem Maße, in dem wir beschwerenden Ballast abwerfen, können wir uns wieder der **Lebensfreude** öffnen und diese aktiv in unser Leben einladen.

Im Laufe der Jahre habe ich viel von den Menschen gelernt, die ich begleiten durfte – und die mich begleitet haben. In diesem Buch erzähle ich daher an einigen Stellen von Teilnehmerinnen oder Klienten, aber auch von Freundinnen und Kollegen, die mir sehr konkret berichtet haben, *was* ihnen geholfen hat und *wie* sie sich auf den Weg gemacht haben, um gut für sich zu sorgen. (Selbstverständlich habe ich zum Schutz ihrer Privatsphäre dabei persönliche Details verändert.)
So wurde mir klar: Wir alle befinden uns auf einer Reise, unser Leben lang. Wir können uns reflektieren, hinterfragen und vor allem: weiterentwickeln.
Du kannst neue Türen öffnen und Kleider, die dir zu klein geworden sind, ablegen. Du kannst gestaltend eingreifen in dein Leben – und somit in die Welt.

Ich hoffe, dass dieses Buch dir dabei Inspiration und Begleitung sein wird.

ENTSCHLEUNIGUNG

NIMM dir deine Zeit

Zeit für dich selbst – das ist kein Luxus, das ist eine Notwendigkeit!

Was ist ein glückliches Leben? Sicherlich eines, das wir möglichst aktiv mitgestalten können. Da die Welt, die uns umgibt, aber ständig ihre lärmenden Erfordernisse in unseren Alltag hineinschubst, scheint der Gestaltungsspielraum oft arg zusammenzuschrumpfen. Wir rasen dahin auf der Lebensautobahn und verlieren den Blick für das, was uns wirklich wichtig ist. Da hilft nur eines: immer mal wieder anhalten, aussteigen und bei dir selbst ankommen. Deinen Körper wahrnehmen, deinen Gefühlen lauschen, deine Bedürfnisse hören und ernst nehmen.

Bremsen ist manchmal mutiger als Gasgeben

Die Fähigkeit zu entschleunigen ist eine Grundvoraussetzung, um die Balance wahren zu können. Sonst laufen wir Gefahr, nur noch das »abzuarbeiten«, was andere von uns wollen. Wir werden zu Sklaven der eigenen Autobahn – das macht auf Dauer krank und unglücklich. Nur, wenn du überhaupt spüren kannst, was gut für dich ist und was nicht, kannst du auf deinem Lebensweg adäquate Entscheidungen treffen. Manchmal braucht es mehr Mut zum Bremsen als zum Gasgeben. Wir sind gewöhnt, uns über das ständige »Gebrauchtwerden« zu definieren. Wer »im Stress« ist, ist wichtig, so glauben wir. Entschleunigung bedeutet auch: loszulassen. In diesem Loslassen nimmst du dich auf eine neue Art *selbst* wichtig.
Hab Mut zum Anhalten! Ohne den dröhnenden Lärm der Motoren kannst du viel besser hören, was dein Körper und deine Seele dir sagen. Atme tief durch und – hör hin! Auf den folgenden Seiten findest du eine Fülle von konkreten Anregungen dazu.

Alle Zeit meines Lebens gehört mir.
Vielleicht hab ich nur dies eine Leben.
Darum will ich mit jeder Minute achtsam sein,
jeden Atemzug genießen,
jeden Weg mit Andacht gehen.

Jede Zelle meines Körpers gehört mir.
Ich habe nur diesen einen Körper,
dieses eine Haus meiner Seele.
Jede Zelle pulsiert von Leben
und verdient meine Fürsorge und Zuwendung.

Jede Regung meines Herzens gehört zu mir.
Darum will ich meinen Gefühlen achtsam lauschen
und offen begegnen.
Dem Feuer der Wut,
den Seen der Trauer,
den Frösten der Angst
und den Stürmen der Freude.

Alle Zeit meines Lebens gehört mir.
Vielleicht hab ich nur dies eine Leben.
Darum will ich mit jeder Minute achtsam sein,
jeden Atemzug genießen,
jeden Weg mit Andacht gehen.

Die ERLAUBNIS zum Innehalten

Viele gestresste Menschen, die in meine Workshops kommen, wünschen sich, sie könnten zwischendurch besser »abschalten«.

Tatsächlich, »abschalten« macht Sinn. Es ist so wichtig, damit wir im natürlichen Rhythmus, im Gezeiten-Prinzip des Lebens bleiben. Ebbe und Flut, Anspannung und Entspannung, Tag und Nacht, Einatmen und Ausatmen: Körper, Seele und Geist können nur in der Balance bleiben, wenn wir diese Schwankungen zulassen. Sobald wir uns zu lange im Zustand von Anspannung, Leistung, Reizaufnahme und Geschwindigkeit befinden wollen, kippt dieses Gleichgewicht und der Körper entwickelt Krankheitssymptome.
Im Grunde ist »Abschalten« gar nicht so schwer. Wie die Hirnforschung weiß, schaltet das Gehirn bereits nach wenigen Minuten mit geschlossenen Augen in einer ruhigen Körperhaltung auf den »Alpha-Modus« um, in dem es sich gut erholen und regenerieren kann. Dafür ist es hilfreich, die »Reizzufuhr« so weit wie irgend möglich zu drosseln, sodass das Hirn keine zusätzlichen Informationen verarbeiten muss.
Wenn man aber fragt, was die meisten Menschen zur Entspannung tun, ist dies: Fernsehen schauen, Musik hören, lesen, im Internet surfen, SMS schreiben, Computerspiele usw. Diese Tätigkeiten mögen ein probates Mittel zur Ablenkung sein, jedoch ist *Ablenkung* nicht dasselbe wie *Abschalten*!
Mit Ablenkung versuchen wir, unser Gehirn mit etwas *anderem* zu beschäftigen als dem, was uns täglich belastet. Oft in der Hoffnung, die schwierigen Gefühle, die uns bedrücken, dadurch weniger spüren zu müssen.
Kurzfristig funktioniert Ablenkung. Langfristig aber führt diese »Pseudo-Entspannung« dazu,

»Lausche deiner eigenen Stimme, deiner eigenen Seele. Zu viele Menschen hören auf den Lärm der Welt statt auf sich selbst.«

Leon Brown

dass unser Gehirn mit immer noch mehr »Ablenkungsmüll« vollgestopft wird und immer weniger Raum hat, die vielen Informationen – und Gefühle – zu verarbeiten und zu gewichten. Die Folge ist eine zunehmende Erschöpfung, oft einhergehend mit Schlafstörungen, Reizbarkeit und einer diffusen Überforderung.

Darf ich eigentlich entspannen?

Vielen Menschen fällt es schwer, sich selbst die Erlaubnis zu geben, wirklich loszulassen und sich zu entspannen. Sie sind sehr stark identifiziert mit ihrem Selbstbild »Ich bin gestresst, ich werde gebraucht, ich bin in Eile«. Und tatsächlich, wer gelegentlich loslässt, macht die Erfahrung: Die Welt geht auch ohne mich weiter. Vielleicht bin ich doch nicht so wichtig. Das kann sich zunächst bedrohlich anfühlen, vor allem, wenn du seit frühester Kindheit gelernt hast, viel Verantwortung für andere zu tragen. Dann kann es schier unvorstellbar sein, diese Verantwortung einmal vollständig loszulassen, und sei es nur für wenige Minuten. Der Körper spiegelt dies deutlich wider: in flacherem Atmen, motorischer Unruhe, Hautjucken und angespannter Muskulatur. Er fühlt sich nicht bereit, loszulassen. In solchen Momenten hilft es oft sehr, sich zu sagen:
»All das darf jetzt auch da sein. Es ist kein Problem. Ich genieße meine stille Zeit trotzdem.«

Wenn ich Entspannungsübungen anleite, sage ich deshalb zu Beginn oft, dass man nicht »still liegen« muss, sondern es sich jederzeit »noch gemütlicher« machen kann, wenn sich das besser anfühlt. Diese Erlaubnis, auch zunächst unruhig sein zu dürfen, die beste Position erst zu suchen, entlastet von dem Erwartungsdruck, es »richtig« machen zu müssen.

Loslassen leicht gemacht
ENTSPANNUNGSÜBUNG

Übungsanleitung

Körper und Geist brauchen für echte Entspannung Ruhe statt noch mehr Input. Wenn du wirklich abschalten möchtest, geht es also um das Gegenteil von Ablenkung: nämlich um Innehalten.
Viele verschiedene Meditations- und Entspannungstechniken können uns lehren, wie das vonstattengehen kann. Zum Einstieg kannst du einfach Folgendes probieren:

- Such einen ruhigen und ungestörten Ort auf, an dem du es warm genug hast.

- Sorge dafür, dass das Telefon sowie alle anderen elektronischen Geräte auf lautlos geschaltet sind.

- Stelle einen Wecker auf 20 Minuten. Such dir dann eine bequeme Position im Sitzen oder Liegen und schließe die Augen.

- Hör dir nun selbst beim Ein- und Ausatmen zu, ohne den Atemfluss irgendwie verändern zu wollen.

- Spür wohlig, wie der Körper sein Gewicht nach unten abgeben kann, sodass du es loslassen kannst und die Muskeln weich werden dürfen.

- Lass alle Gedanken, die dir kommen, vorbeiziehen, wie die Wolken am Himmel, ohne einen einzelnen festhalten zu wollen. Erlaube dir selbst, die Stille und das »Nichtstun« ganz bewusst zu genießen.

Diese Übung ist nicht ganz so einfach, wie sie klingt, das wirst du merken, sobald du sie ausprobierst. Sie bewirkt aber in erstaunlich kurzer Zeit ein echtes »Herunterkommen«. Du kannst sie täglich praktizieren oder nur, so oft du Lust dazu hast. Je häufiger du sie machst, desto leichter wird sie dir fallen.

»Sich um *sich selbst* zu kümmern
bedeutet als Erstes zu lernen, wie man

ANHÄLT

und nach innen schaut.«

Thich Nhat Hanh

GEFÜHLE
wahrnehmen, annehmen, *loslassen*

Sobald dir das Abschalten ein wenig besser gelingt, steigen in diesem etwas gelichteten inneren Raum vielleicht Gefühle auf. Was wollen sie von dir? Zunächst einmal nur eines: wahrgenommen werden!

Viele Menschen haben über Jahre oder Jahrzehnte große Anstrengungen unternommen, ihre Gefühle *nicht* spüren zu müssen. Oft haben sie, ohne dass es ihnen bewusst ist, große Angst vor Gefühlen und befürchten, ihnen gar nicht gewachsen zu sein.
Wir alle lernen den Umgang mit Gefühlen zunächst am Modell unserer Eltern bzw. Bezugspersonen. Wie willkommen waren Gefühle in deinem Elternhaus, in deiner Umgebung? Welche Gefühle konnten »gefahrlos« ausgedrückt werden, welche hatten vielleicht fatale Folgen, wenn sie sichtbar wurden?
Der Umgang mit den eigenen Gefühlen drückt sich unmittelbar im Körper aus: Je flacher du beispielsweise atmest, desto weniger Schmerzempfinden hast du. Allerdings verflachen sich damit auch alle anderen Gefühle, du wirst schnell müde, kannst dich schwer konzentrieren und bist reizbar. Es mag also zwar gelegentlich Sinn machen, flach zu atmen, um Unangenehmes weniger spüren zu müssen, aber langfristig zahlst du einen hohen Preis für diese »Selbstbetäubung«. Deshalb sagen manche Therapeut/innen: »Wenn du mehr spüren willst, musst du tiefer atmen.«

Was da sein darf, kann leichter gehen

Es ist sehr wichtig, dass alle Emotionen einfach da sein dürfen, auch die, die wir als schwierig erleben. Eine Katharsis, ein »Abfließen« der Gefühle ist nur möglich, wenn diese nicht abgewehrt, sondern angenommen werden. Wenn du beispielsweise sagen kannst: Auch diese Trauer gehört zu mir.
Die eigenen Gefühle anzunehmen, ohne sie abzuwehren (»Das gehört nicht zu mir, so will ich nicht sein!«), kann enorm entlastend sein. Wir erkennen dann: Auch mit meiner Trauer und meiner Eifersucht und meiner Hilflosigkeit kann ich noch leben. Ich bin gar kein wertloser »Unmensch« dadurch.
Erst wenn auch Unangenehmes im eigenen Innenleben da sein darf, ist der nächste Schritt möglich: das Loslassen.
So paradox es auch scheinen mag: Was da sein darf, das kann auch gehen. Dieser Grundsatz bewahrheitet sich immer wieder und ist eine zentrale Erkenntnis der Gestalttherapie.
Gefühle, die ins eigene Selbstbild integriert wurden, verlieren ihre Macht über die Persönlichkeit. Es ist dann, als hättest du die gefürchtete Kellertür endlich geöffnet und dich persönlich mit den Gespenstern unterhalten. Nach einer Weile musst du dann nicht mehr ständig in den Keller laufen und nachschauen, ob die Gespenster noch da sind. Sie werden unwichtig, weil du weißt: Wenn es notwendig wäre, könntest du das Gespräch ja wieder suchen.

Allerdings sind manche Menschen so »verliebt« in die Kränkungen in ihrer Lebensgeschichte und die damit verbundenen seelischen Schmerzen und Blockaden, dass ihnen das Loslassen sehr schwer fällt. Sie laufen dann von einer Psychotherapie zur nächsten und werden nicht müde, allerorten die Geschichte ihres Opferseins zu verkünden. Diesen Menschen hilft manchmal der sanfte Hinweis, mit dem der finnische Psychiater Ben Furman ein Buch betitelt hat:

»Es ist nie zu spät, eine glückliche Kindheit zu haben!«

Auch wenn fast niemand von uns in Kindheit und Jugend immer optimale Entwicklungsbedingungen hatte, so können wir doch vieles heute nachholen. Wir können »nachreifen« und dafür sorgen, dass wir Bedürfnisse, die damals offen geblieben sind, eben *jetzt* befriedigen. Auf diesem Weg können wir schließlich herausfinden aus der Opferrolle und Verantwortung für unser erwachsenes Leben und Handeln übernehmen.

Die buddhistische Gestalttherapeutin Marie Mannschatz formuliert es so: »Immer wieder sind wir herausgefordert, uns selbst vorurteilsfrei zu erkennen und zu sehen: *So fühle ich, das ist meine innere Wahrheit*. Nur, wenn wir unsere inneren Prozesse wahrnehmen und nicht verdrängen, können wir entscheiden, wie wir uns verhalten möchten.«

Und in genau diesem Entscheidungsspielraum liegt unsere Freiheit. Wenn wir diese Freiheit spüren und nutzen können, nehmen wir uns nicht länger als Opfer unserer Lebensgeschichte wahr, sondern können unserem »So geworden sein« mit mehr Respekt und Güte begegnen.

Mach dich auf den Weg! Finde heraus, was du jetzt brauchst, um glücklich zu sein.

Deinen Gefühlen begegnen

SCHREIBEND KONTAKT AUFNEHMEN

Manchmal ist es gar nicht so leicht, die eigenen Gefühle bewusst wahrzunehmen, besonders wenn man seit Jahren gewohnt ist, sie eher beiseitezuschieben. Die folgende Übung ist ein bewährter Weg, guten Kontakt zum eigenen Gefühlsleben zu bekommen.

Übungsanleitung

- Besorg dir eine Kladde, ein Notiz- oder Skizzenbuch als Tagebuch.
- Nimm dir jeden Abend 20 Minuten Zeit, um hineinzuschreiben: Was hat mich heute besonders »aufgewühlt«?
- Versuche, unsortiert und ungefiltert einfach alles aufzuschreiben, was dir in den Sinn kommt. Du schüttest sozusagen deinen Geist auf das Papier aus.
- Achte darauf, möglichst sowohl schwierige Momente als auch schöne Situationen und Gefühle zu benennen.
- Fokussier dich beim Schreiben eher auf deine Gefühle, nicht auf detaillierte »Vorgangsbeschreibungen« oder krampfhafte Lösungsvorhaben für die Zukunft.
- Beschreib möglichst auch, wie dein Körper auf die jeweiligen Gefühle reagiert hat.
- Ziel ist es nur, dass du deine Gefühle bewusst wahrnehmen, spüren und benennen kannst, ohne sie gleich abzuwerten. Du brauchst dabei keine Lösung zu finden, nichts zu analysieren oder zu verändern.

Auch schwierige Gefühle sind wertvoll.

Wunderbarerweise machen die meisten Menschen bei der nebenstehenden Übung die Erfahrung, dass die eigenen Gefühle nicht halb so bedrohlich sind wie erwartet. Denn du bist ja gar kein hilfloses Kind mehr, sondern eine erwachsene Frau oder ein erwachsener Mann, stark genug, deinen Gefühlen ins Angesicht zu schauen. Es braucht nur ein wenig Mut und Geduld.

Bei sehr belasteten Menschen werden zunächst vielleicht vor allem Trauer, Ohnmacht und Wut sichtbar, also jene Gefühle, die vorher am meisten bekämpft wurden. Klug ist es, jetzt nicht sofort in aktionistische »Lösungssuche« zu verfallen, damit die Gefühle bloß schnell weggehen! Sondern sich darin zu üben, sie zunächst einmal da sein zu lassen und zu spüren. Wenn die erste »Flutwelle« einer heftigen Emotion nämlich abgeklungen ist, finden sich darunter oft ganz von alleine naheliegende Hinweise auf möglicherweise anstehende Veränderungen.

Das zeigt auch das Beispiel von Luisa (29), einer sehr kontrollierten und beruflich ambitionierten jungen Unternehmensberaterin. Für sie selbst überraschend kam sie beim Sicheinlassen auf ihre Gefühle irgendwann an einen Punkt, wo sie heftig darüber weinte, dass sie ihrem Exfreund ihr Bedürfnis nach mehr Freiraum und Autonomie in der Beziehung nie mitgeteilt, sondern sich »wortlos« getrennt hatte. Im Anschluss an diesen für sie ungewohnten Gefühlsausbruch beschloss sie, noch einmal mit ihm zu sprechen. Und tatsächlich versöhnten sich die beiden und fanden einen besseren Weg, ihre Beziehung zu gestalten.

Gefühle wollen vor allem eins: einfach nur wahrgenommen werden.

Man kann sich das mit den Gefühlen vorstellen wie an einem Sandstrand: Die Wellen wühlen das Wasser auf und treiben es ans Ufer. Wenn sie abklingen und sich wieder zurückziehen, bleiben oft kleine Fundstücke, Muschel- oder Holzteile am Strand zurück, der sogenannte Spülsaum. Auch wenn sich die Kraft der emotionalen Wellen erst einmal bedrohlich anfühlt, so sind sie an sich nicht gefährlich. Vielmehr lassen sie meist deutlicher werden, worum es uns eigentlich geht.

»Ab und zu ist es gut, in unserem *Streben nach Glück* INNEZUHALTEN und einfach glücklich zu sein.«

Guillaume Apollinaire

ARBEIT darf man auch *begrenzen*

Arbeit bedeutet, dass wir einen Teil unserer Lebenszeit verkaufen gegen Geld. Ganz ohne Geld können wir nicht leben, deshalb muss so gut wie jeder und jede von uns sich auf diesen Handel einlassen. Schwierig wird es, wenn wir uns dieses Handels nicht bewusst sind und stattdessen denken, die Arbeit an sich sei der Lebenszweck und die finanzielle Entlohnung die Messlatte dafür, wie erfolgreich wir im Leben sind.

Genau diese Sichtweise lebt uns das kapitalistische Gesellschaftssystem permanent vor. Erfolg wird bemessen an der Höhe des Einkommens. So liegt nahe: Je mehr ich arbeite, desto mehr verdiene ich und desto erfolgreicher bin ich im Leben.
Wenn wir genau hinsehen, kann diese Definition von Erfolg dauerhaft eigentlich nur unglücklich machen. Die einen, weil sie in traditionellen Geringverdiener/innen-Berufen arbeiten (wie in der Pflege oder Erziehung) und trotz hoch qualifizierter Vollzeitarbeit immer wenig verdienen. Und die anderen, weil sie zwar einen immer aufwendigeren Lebensstil finanzieren können, aber nach etlichen Jahren feststellen, dass der sie kein bisschen glücklicher macht. Sie haben das neueste Smartphone und den besten Laptop, die stylischste Wohnung und die tollsten Urlaubsreisen, und innerlich fühlen sie sich vertrocknet und leer. Ihre Lebensenergie versickert zu 100 Prozent im Job.
Also kann die Höhe des Einkommens wohl doch kein so guter Gradmesser für persönlichen Erfolg sein. Stattdessen könntest du *persönliche Zufriedenheit* als erstrebenswertes Ziel ansehen.

Arbeit, die zufrieden macht

Wer sind die Menschen, die zufrieden sind mit ihrer Arbeit?
Das sind zum einen Männer und Frauen, die direkt aus ihrer Arbeit immer wieder Glücksgefühle ziehen und diese als sinnhaft und wertvoll erleben. Viele Künstler/innen empfinden so – und das, obwohl sie in den meisten Fällen von sehr wenig Geld leben. Jedoch nehmen sie dies als selbstgewählt wahr und freuen sich darüber, überhaupt von ihrer Kunst leben zu können. Insofern wertschätzen sie auch ein verhältnismäßig geringes Einkommen mehr als jemand,

»Warum machen wir nicht leuchtende Augen zum Maßstab für Lebensqualität?«

Hartmut Rosa

der für das gleiche Geld täglich acht Stunden Flure schrubbt. Auch viele Wissenschaftler/innen erleben eine sehr hohe Berufszufriedenheit, insbesondere dann, wenn sie zu den »Auserwählten« gehören, denen es gelungen ist, eine unbefristete Stelle an einer Universität zu ergattern. Sie empfinden ihre Arbeit oft als kreativ und selbstbestimmt, spannend und sinnstiftend.

Zum anderen beschreiben sich solche Menschen als zufrieden mit ihrer Arbeit, die geringe Ansprüche an die Tätigkeit an sich haben und diese nur als Broterwerb ansehen, ihre Lebensfreude und Erfüllung aber in ganz anderen Bereichen suchen – und finden. Bei ihnen verschiebt sich die »Work-Life-Balance« deutlich mehr Richtung »Life«, sie schenken ihrer beruflichen Tätigkeit außerhalb der Arbeitszeit wenig Beachtung und konzentrieren sich ganz auf Hobbys, Familie usw.

Wie viel Lebenszeit möchtest du für Geld verkaufen, wie viel ist dir das wert? Wofür möchtest du Geld verbrauchen?

Auch das kann funktionieren, wenn man der Typ für ein solches eher distanziertes Verhältnis zur eigenen Arbeit ist und sich somit auch gut abgrenzen kann gegen übergriffige Versuche von Arbeitgebern, das Berufsleben zeitlich »aufzublähen«.

Wie viel deiner Lebenszeit willst du verkaufen?

Obwohl uns das kapitalistische Gesellschaftssystem, in dem wir leben, bestimmte Gegebenheiten zunächst einmal aufzwingt, sind wir doch selbst in der Pflicht, hier den bestmöglichen Weg für uns selbst zu wählen. Wenn wir zuerst die Gesellschaft verändern wollen, bevor sich für uns selbst etwas verbessern soll, sind wir alle längst tot, bevor diese Veränderungen auch nur im Ansatz umgesetzt sind.

Nein, du musst HEUTE genau hinschauen auf dein Leben.

Viele Menschen merken schon gar nicht mehr, für welche scheinbaren »Selbstverständlichkeiten« sie ihre Lebenszeit verkaufen. Autos, Häuser, Riesenfernseher, Smartphones. Zunehmend werden die

»Verzichts«-Ratgeber à la *Simplify your life* zum Kassenschlager. Die Autor/innen sind zum Teil Menschen, die uns vorleben, wie man mit ganz wenig materiellem Besitz ein sehr glückliches Leben führen kann. Die etwa ihr Hab und Gut verkauft haben und in einem Wohnmobil leben. Wir beneiden sie seufzend, denken aber: Das könnte ich nicht. Wirklich nicht?

Materieller Besitz ist eine Spirale. Wir kaufen immer mehr Dinge, bis uns unsere Wohnungen oder Häuser zu klein vorkommen. Dann finanzieren wir größere Wohnobjekte, um all die Dinge unterbringen zu können. Muss das tatsächlich so sein?
In vielen spirituellen Traditionen gilt das »Nicht anhaften« an materiellen Besitz als größter Wert. Das gilt nicht nur für Buddhisten, auch Jesus lebte in bewusst gewählter Besitzlosigkeit und predigte an vielen Stellen, dass irdischer Reichtum kein Weg ins Himmelreich sei.
Mein Kollege Bernd ist ein sehr gefragter Freiberufler. Er kann sich vor Aufträgen kaum retten. So arbeitet er als Alleinverdiener der Familie oft über Monate bis an der Rand der Erschöpfung und war in den letzten Jahren vor Überlastung mehrmals körperlich ernsthaft krank. Er berichtet manchmal, wie er darunter leidet, so wenig Zeit mit seiner Familie verbringen zu können.
Als wir uns dann kürzlich trafen, erzählte mir Bernd, er überlege, ein altes Haus in Südspanien zu kaufen. Ein ganz exklusives Angebot sei das. Sehr schwierig zu erreichen, überaus reno-

vierungsbedürftig, nicht wirklich kindgerecht, aber eine tolle Kapitalanlage. Auch mehrere berühmte amerikanische Schauspieler hätten dort in der Nähe Häuser.
Ehrlich gesagt schaute ich Bernd ziemlich entgeistert an. Ich fragte ihn ganz direkt, ob er nicht neulich geklagt hätte, zu viel arbeiten zu »müssen« und zu wenig Zeit für seine Kinder zu haben. Ob es ihm das wirklich wert sei, für so ein Haus zu arbeiten. Hinterher dachte ich: Oh, das war vielleicht etwas direkt und unsensibel von mir. Aber einige Zeit später bedankte sich Bernd bei mir für diesen Hinweis. Es sei ihm gar nicht mehr bewusst gewesen, was er da eigentlich tue. Das Haus hat er nicht gekauft.

Loslassen und Raum schaffen

Wie sieht es in deinem Leben aus? Wäre es nicht schön, dir mehr Raum zu verschaffen?

- Überleg dir, was du so alles »sammelst«: Bücher, Kleidung, Autos, Möbel, Fahrräder, Gläser, etc.

- Schau auch auf Dinge, die du im Laufe der Jahre geschenkt bekommen hast, ohne dass sie dir je recht gefallen hätten.

- Frag dich ernsthaft, was dir diese Dinge bedeuten, wie viel Freude sie dir machen, wie oft du sie aktiv benutzt.

- Schaffe neuen Lebensraum: Beginne in einem konkreten Bereich, Dinge loszulassen. Verschenk sie, verkauf sie, stell sie in einem hübschen offenen Karton auf den Bürgersteig.

- Spür nach, was das »Loslassen«, das »Freigeben« mit dir macht.

Deine Jobsituation

Nimm deine aktuelle Jobsituation einmal unter die Lupe: Stehen Aufwand und Entlohnung in einem akzeptablen Verhältnis?

- Was für ein Typ bist du: Soll die Arbeit dich glücklich machen oder reicht es, einen unaufwendigen »Brot-Job« zu haben?

- Rechne realistisch durch, wie viel Geld du monatlich wofür ausgeben möchtest. Gibt es Ausgaben, die eigentlich verzichtbar sind? Kannst du dafür vielleicht weniger arbeiten? Oder eine andere Arbeit machen, die zwar schlechter bezahlt ist, dich aber glücklicher macht? Oder möchtest du doch lieber alles genau so weitermachen wie bisher?

- Egal, wie du entscheidest, sei dir bewusst, dass es deine selbstverantwortlich getroffene Entscheidung ist.

Abschied vom PERFEKTIONISMUS *nehmen*

In der Abschiedssitzung einer meiner tanztherapeutischen Gruppen ließ ich die Teilnehmer/innen auf kleine Zettelchen schreiben, wofür sie einander danken wollten. Auch ich schrieb und empfing solche Zettelchen. Auf einem stand: »Mir hat unglaublich gut getan, wie liebevoll du über deine Fehler lachst.«

Diese Rückmeldung trieb mir fast die Tränen in die Augen. Dass es mir gelungen war, Güte mit eigenen Fehlern vorzuleben, war für mich das größte vorstellbare Kompliment. Denn ich bin selbst früher eine gnadenlose Perfektionistin gewesen.

Das Leben vieler Menschen in der Rush-Hour des Lebens zwischen 30 und 50 Jahren ist von dem Gefühl geprägt: *Was immer ich tue, es ist nicht genug.* Wie in einem einsamen Hamsterlaufrad ziehen sie ihre Runden, aber ein Gefühl von Zufriedenheit stellt sich nicht ein. Allerorten und jederzeit wartet Arbeit auf sie, der Stapel auf dem Schreibtisch ist noch zu groß, der Rasen noch nicht gemäht, die Äpfel für die Schulbrotdosen der Kinder noch nicht gekauft, die Wand hinter dem Heizkörper im Keller noch nicht gestrichen, es findet sich immer etwas.

Und weißt du, was das Geheimrezept berufstätiger zufriedener Eltern ist? Dass sie ein noch effektiveres »Zeitmanagement« beherrschen? Falsch! Dass sie gelernt haben, fünf gerade sein zu lassen, ohne sich dabei schlecht zu fühlen. Sie praktizieren Güte mit den eigenen Begrenztheiten.

Sie lassen gelegentlich Stapel auf ihrem Schreibtisch zurück, akzeptieren die Wiesenblumen auf dem Rasen und werfen nach einem besonders anstrengenden Arbeitstag ohne mit der Wimper zu zucken Tiefkühlpizzen für die ganze Familie in den Ofen. Und in genau diesen Familien, wo die Erwachsenen gut für sich sorgen, statt gestresste »Supereltern« sein zu wollen, habe ich die entspanntesten, aufgeschlossensten und lustigsten Kinder und Jugendlichen angetroffen.

Frage dich ehrlich, welche Werte du in den Vordergrund stellst und mit deinem Verhalten ausdrückst.

»Ich verstehe das Leben mittlerweile als Stück, das ich für mich selbst schreibe, und daher ist meine Bestimmung, beim Spielen meiner Rolle möglichst viel Spaß zu haben.«

Shirley MacLaine

Wenn du Familie hast, was für ein Vorbild möchtest du abgeben? Ist es wichtiger, dass das Abendessen *immer* »bio« und selbst gekocht ist, oder dass die Familie noch Zeit für einen vergnügten Plausch hat? Ist es wichtiger, dass das Haus perfekt sauber ist, oder dass du am Wochenende relaxt deinem Hobby frönen kannst? Hat der Abgabetermin deiner Doktorarbeit Vorrang oder ein Wochenendtrip ans Meer mit deinem akut liebeskummerkranken 15-jährigen Sohn oder deiner besten Freundin, die mit einer schweren Krankheitsdiagnose zu kämpfen hat?

Mach dir nichts vor, *alles* ist nicht zu schaffen. Du musst ständig Prioritäten setzen. Und du tust gut daran, dabei stets im Blick zu behalten: Was brauche ich jetzt am meisten?

Ist das nicht egoistisch?
Wann immer du ein Flugzeug besteigst, wirst du darüber belehrt, dass du im Falle eines Druckverlusts in der Kabine *zuerst* deine eigene Sauerstoffmaske aufsetzen musst, bevor du Mitreisenden hilfst.

Bingo. Wenn du nicht gut auf dich achtest, bist du bald so erschöpft, dass du auch deinen Kindern oder anderen Menschen, die auf deine Unterstützung zählen, nichts mehr nützt.

Dein eigener Bewertungsmaßstab werden

Perfektionismus ist ein schlimmes Gift – und eine meist tief in der Lebensgeschichte verwurzelte Grundhaltung.
Ich treffe sie oft bei Menschen an, die als Kind schon früh die Erfahrung gemacht haben: Ich werde für das geliebt, was ich *leiste*, nicht für das, was ich *bin*. Nur wenn ich Klassenbeste bin und Klassensprecher, im Sport den ersten Preis gewinne usw., dann beachten und loben mich meine Eltern.
Dieser tief verinnerlichte Leistungsdruck ist schwer wieder loszuwerden, denn da lauert

»Ziehen Sie eine Sauerstoffmaske ganz zu sich heran und drücken Sie die Öffnung fest auf Mund und Nase. Erst danach helfen Sie mitreisenden Kindern.«

immer die Angst: Wer oder was bin ich denn noch, wenn ich nicht perfekt bin? Wenn ich nicht alles gebe, überall der Beste bzw. die Beste bin? Bin ich dann überhaupt noch liebenswert für irgendwen? Habe ich noch eine Existenzberechtigung in dieser Welt?
In einen liebevollen Dialog mit dieser Angst zu gehen, das ist die große Herausforderung für Menschen, die von Perfektionismus getrieben werden.
Und wie so oft geht es bei dieser Entwicklungsaufgabe letztlich darum, sich selbst eine gute Mutter oder ein guter Vater werden zu können. Eigene Werte zu definieren, die ganz andere sein können als die leistungsorientierten Werte der Herkunftsfamilie. Und für diese Werte selbstbewusst einzustehen. Der amerikanische Psychologe Carl Rogers nannte das: »Dein eigener Bewertungsmaßstab werden.« Auch meine Klientin Rita kämpfte mit einem sehr starken Perfektionismus. Manchmal hatte sie das Gefühl, er fresse ihr regelrecht die Lebensfreude weg, und darüber ärgerte sie sich sehr. Ich regte sie zu einem Rollenspiel an, in dem sie ihren »inneren Dialog« mit dieser sehr kontrollierenden Seite von sich einmal hörbar und bewusst machen konnte. Sie spielte abwechselnd zwei Rollen: auf der einen Seite ihre »innere Perfektionistin«, die alles kontrollieren und beschleunigen und noch effizienter machen will. Und auf der anderen Seite die lockere Kreative, die in den Tag hineinleben möchte. Die beiden gerieten in ein interessantes Streitgespräch darüber, wie der Abend zu nutzen sei.
Im Anschluss an das Rollenspiel musste Rita plötzlich herzlich lachen, als ihr auffiel, dass die beiden Seiten von ihr eigentlich einen relativ ähnlichen Abend wollten. Aber als Perfektionistin hatte sich alles durchgetaktet und spaßlos angefühlt und als lockere Kreative selbstgewählt und frei.

Perfektionismus abbauen

- Gibt es etwas, das du schon immer mal tun wolltest, aber dich aus Angst, dich dabei zu blamieren, nie getraut hast? Finde eine Möglichkeit, es real auszuprobieren! Buche einen Ein-Tages-Anfängerworkshop in Flamenco, geh zur Probe eines lokalen Chores oder einer Theatergruppe, melde dich zu einem Volkshochschulkurs an, oder was immer nötig ist.

- Gestehe dir zu, in dieser Sache ein total unperfekter Anfänger zu sein und trotzdem jede Menge Spaß dabei zu haben!

- Wenn du die Stimme des Perfektionismus wieder einmal in dir wahrnimmst und in Gedanken an dir oder deinen Mitmenschen herummäkelst, stell dir vor, du kannst die Stimme liebevoll umarmen und zu ihr sagen: *Danke, dass du mir helfen möchtest! Aber ich möchte jetzt lieber nicht so streng sein, sondern genießen, was ich tue!*

MULTITASKING
ist *heilbar!*

Keine Ahnung, wer den Mythos erfunden hat, es sei in irgendeiner Weise effizient, mehrere Dinge gleichzeitig zu tun. Fakt ist, dass psychologische Studien belegen, dass jede Tätigkeit, die wir gleichzeitig mit anderen Tätigkeiten durchführen, im Schnitt 30 Prozent länger dauert.

Abgesehen davon, dass wir durch Multitasking unproduktiver, fehleranfälliger und unkonzentrierter werden, leidet unser Kontakt- und Kommunikationsverhalten enorm unter der Tendenz, immer mehrere Sachen parallel erledigen zu wollen. Das folgende Beispiel zeigt, wie leicht wir dabei zu stets überforderten, geschäftigen Autisten werden.

Buchladen A:
Ich stehe als Kundin an der Kasse und möchte mein Buch bezahlen. In dem Moment klingelt das Telefon. Die Buchhändlerin nimmt sofort ab, klemmt sich den Hörer zwischen Schulter und Hals und fuchtelt ungeduldig mit der Hand herum, was wohl heißen soll, ich könne trotzdem zahlen. Sie scannt das Buch ein und telefoniert dabei. »Ich bräuchte eine Quittung mit Titel, bitte«, sage ich, aber sie hört mich beim Telefonieren natürlich nicht, und sehen kann sie mich leider auch nicht, weil sie gerade mit gerunzelter Stirn auf den PC-Bildschirm starrt, um die Bestellung des Kunden am Telefon dort zu finden. Gleichzeitig kramt sie mein Wechselgeld aus der Kasse. »Ähm, ich bräuchte eine richtige Quittung ...«, stammele ich noch einmal. Da sieht sie mir zum ersten Mal ins Gesicht. Sie hält die Hand auf den Hörer und stöhnt: »Warum haben Sie das denn nicht gleich gesagt?!«

Buchladen B:
Wieder stehe ich mit meinem Buch an der Kasse. Das Telefon klingelt. »Einen Moment, geht gleich los!«, ruft mir die Buchhändlerin lächelnd zu. Sie nimmt ab und bittet den

Multitasking ist keine Fähigkeit, sondern eine Krankheit.

Kunden, eine Minute zu warten, weil sie gerade eine Kundin im Laden habe. Dann legt sie den Hörer zu Seite und widmet sich mir. Da ich ihr sofort sage, was für eine Quittung ich brauche, kann sie sie auch sofort so ausstellen. Dann sagt sie augenzwinkernd »Tschüss!« und nimmt den Hörer wieder auf.

Nun rate mal, wer langfristig a) effizienter arbeitet, b) zufriedenere Kunden hat und c) weniger gestresst ist? Richtig, die Buchhändlerin B. Die, die immer nur eine Sache gleichzeitig macht und deshalb ganz bei der Sache ist. Hast du schon mal versucht, gleichzeitig Hausarbeit zu erledigen und dein Kind von irgendetwas abzuhalten oder zu überzeugen? Und, wie schnell ist der Streit eskaliert? Schon mal spazieren gegangen und dabei alle fünf Minuten aufs Handy gestarrt? Und, wie gut hast du dich erholt bei dem Spaziergang? Schon mal was Tolles gegessen und dabei telefoniert? Und, wie viel hast du geschmeckt von deinem Essen?

Vergiss Multitasking. Vergiss es ein für alle mal. Es führt immer und überall nur dazu, dass wir unachtsam werden und alle Dinge nur noch »halb« erleben – höchstens. Wir leben unser Leben nur noch halb.

Wenn ich als Teenager morgens hektisch durchs Haus rannte und gleichzeitig meinen Turnbeutel suchte, mir die Schuhe anziehen, die Haare kämmen und frühstücken wollte, sagte meine Mutter auf gut Hamburgisch: »Man immer schön eins nach'm andern, min Deern!« Das sollten wir alle uns am besten auch heute noch täglich sagen, auch wenn es so gar nicht dem Zeitgeist entspricht.

Wenn du deinem Kind eine ernsthafte Ansage machen musst, wirst du damit wesentlich erfolgreicher sein, wenn du die Hausarbeit für einen Moment unterbrichst, dich mit dem Kind hinsetzt und ganz auf den Kontakt konzentrierst, statt nebenbei hektisch herumzuscheppern. Wenn du dein Essen genießen willst, iss – und sonst nichts. Wenn du in den Park gehst, um abzuschalten, schalte als Erstes dein Handy aus. Erlaube dir wieder, die Welt mit allen Sinnen wahrzunehmen. Deine Sinne sind wie Fenster, durch die du die Welt hineinlassen kannst.

»Life is what happens right in front of you, while you are looking at your smartphone.«

Manchmal sehe ich Leute durch den Park gehen, die rauchen, Kopfhörer aufhaben und auf ihr Smartphone starren. Sie begeben sich extra in eine traumhaft schöne, liebliche Landschaft, um dann dafür zu sorgen, dass sie von dieser nichts sehen, nichts hören, nichts riechen und nichts schmecken. Alle ihre Sinne sind dicht. Es verwundert vielleicht nicht, dass genau diese Leute oft auffällig angespannte, unflexible Körper haben, die immer nur ganz flach zu atmen scheinen.

Bemerken und genießen

Genussfähigkeit ist eng verknüpft mit Wahrnehmungsfähigkeit: Etwas, das wir nicht bemerken, können wir auch nicht genießen. Das macht es so unvergleichlich, mit kleinen Kindern unterwegs zu sein. Sie planschen andächtig in einer Pfütze, sehen staunend dem Laub beim Tanz im Wind zu, streicheln das weiche Moos und umarmen innig den Hund. Sie nehmen ihre Umgebung voller Wachheit und Neugierde wahr. Kleine Kinder können immer wieder unsere Meister sein im Staunen und Entdecken. Jedes Ding verdient ihre ganze, ungeteilte Aufmerksamkeit. Auf eine Idee wie »Multitasking« kämen sie überhaupt nicht.

Die Erkenntnis, dass es weise ist, mit Achtsamkeit immer nur eine Sache zugleich zu tun, ist schon sehr alt. Wenn wir dem, was wir gerade tun, unsere volle Liebe und Aufmerksamkeit schenken, dann bleiben wir in unserer Mitte und sind auch fähig, das wertzuschätzen, was unser Tun – und andere Menschen – uns dabei geben. Das ist die beste Medizin gegen innere Leere und ständiges Gehetztsein.

Mit diesen Ideen kannst du anfangen, dich wieder ganz auf eine Sache zur Zeit einzulassen.

Nur eine Sache auf einmal

SO ENTKOMMST DU DEM MULTITASKING-WAHN

Übungsanleitung

Willkommen beim »Singletasking«. Du findest eine Anregung zum Einstieg und einen Vorschlag für alle, die Lust auf größere Herausforderungen haben.

- Besorg dir eine Sanduhr oder notfalls eine Eieruhr oder einen kleinen Wecker. (Der Handy-Timer gilt nicht!)

- Übe dich darin, immer 20 bis 30 Minuten nur eine Sache gleichzeitig zu tun. An einem Text schreiben, etwas lesen, einen Spaziergang machen, was immer es sei. Schalte in dieser Zeit dein Handy auf Flugmodus. Checke während dieser Zeit keine Nachrichten, nirgendwo.

- Du wirst merken, dass du das, was du tust, viel effektiver und intensiver tun kannst, wenn du dich wirklich darauf einlässt, ohne deine Aufmerksamkeit »zwischendurch« anderen Dingen zu widmen.

Fortgeschrittene Übung

- Falls du unfreiwillig irgendwo warten musst: Atme tief durch und sag dir: »Und jetzt tue ich das. Ich warte hier. Ich tue nichts anderes. Ich lasse meinen Geist und meine Gefühle dabei zur Ruhe kommen.«

- Diese Übung ist für die meisten Leute eine große Herausforderung. Sie wird leichter, wenn du dir immer wieder bewusst machst, dass zum Beispiel »sitzen und ausruhen« nicht »nichts« ist, sondern etwas äußerst Gesundes und – ja, sogar Effektives! Wenn Körper, Gedanken und Gefühle zur Ruhe kommen dürfen, erholst du dich in wenigen Minuten und bist danach auch wieder wacher und fitter.

- Diese »innere Erholung« erleben viele Menschen sogar bei Routinetätigkeiten wie Auto putzen, Abwaschen oder Rasenmähen. Aber es funktioniert nur, wenn du dich dieser einen Tätigkeit ganz »überlässt«, ohne noch irgendetwas anderes gleichzeitig zu wollen.

ZEITEN des Krankseins *akzeptieren*

Manchmal, wenn wir unser Hochgeschwindigkeitsleben gerade besonders effektiv eingerichtet haben, um ja alles zu schaffen, macht es RUMMS, und wir liegen auf der Nase. Krank. Der Körper hat die Notbremse gezogen und verordnet eine Pause – ohne uns vorher zu fragen. Frech, oder?!

Schon immer fiel es uns Menschen schwer, Kranksein als Teil des Lebens zu akzeptieren. Wir suchten und suchen nach Gründen für Krankheiten und sind bereit, vieles dafür zu tun, um ihnen entgehen zu können. Dachte man noch in früheren Zeiten, Krankheiten seien eine göttliche Strafe für menschliches Fehlverhalten, so denken viele Menschen heute im Grunde wieder dasselbe – nur nennen sie es anders. Wir haben, wenn uns Krankheiten unverhofft treffen, dann »die falschen Botschaften ans Universum gesandt« und »negative Energien angezogen«. So sind wir auf esoterisch verbrämtem Wege im Grunde wieder beim alten Erklärungsansatz. Nur, weil wir irgendetwas falsch gemacht haben, hat es uns erwischt. Letztlich tun wir uns schlicht und ergreifend unendlich schwer damit zu akzeptieren, dass wir auf bestimmte Dinge nur sehr begrenzt Zugriff nehmen können. Die großen Mysterien des Menschseins wie Geburt, Tod, Liebe, Begehren, Gesundheit oder Schlaf werden wir nie vollständig kontrollieren. Sie entziehen sich hartnäckig unserem Zugriff und wir erfahren an ihnen unser menschliches Begrenztsein. Dennoch werden wir nicht müde, uns vorzugaukeln, wir hätten das Leben fest »im Griff«. Und wehe, der Körper will nicht so, wie wir wollen! Dann werden wir wütend und versuchen mit Gewalt, den gewünschten Zustand zu erzwingen. Schmerzt der Körper, unterdrücken wir das mit Tabletten und Spritzen, notfalls kommt er halt auf den OP-Tisch. Oft genug erweist sich dies als Spirale der Verschlimmerung. Namhafte Orthopäden geben heute längst offen zu, dass die Mehrzahl der Rückenoperationen nicht notwendig wäre und keine wirkliche Besserung bringt, von Heilung ganz zu schweigen. Die Haltung, dass (auch vorübergehender) Schmerz nicht sein darf, ist tief in unserer Kultur verwurzelt. Selbst Menschen, die sich bewusst von der Schulmedizin abgewandt haben, bieten ihrem Kind, weil es harmlos hingefallen ist, hektisch die passenden homöopathischen Globuli an. Und signalisieren damit ebenfalls: Gegen Schmerz muss sofort etwas unternommen werden! Das führt dazu, dass wir große Angst vor jedem Schmerz entwickeln. Dabei nützt uns eine friedfertigere und gelassenere Sicht auf die

Wie kann ich den Kurs meines Lebens so korrigieren, dass der Schmerz auch wieder gehen darf?

Signale unseres Körpers wesentlich mehr. Was, wenn wir unserem Körper vertrauen würden, ihn annehmen und lieb haben könnten auch in Zeiten, wo er die Balance verliert? Dann können wir zunächst einmal hinhören: Was hat mir dieser Schmerz zu sagen?
Mein Rücken zum Beispiel erzählt mir gelegentlich von meinen Ängsten, bevor ich sie bewusst wahrnehmen kann. Die Muskulatur im Kreuz verkürzt sich dann und wird hart. Schmerz ist die Folge. Ein Zeichen, dass ich Aufgaben vor mir sehe, denen ich mich nicht gewachsen fühle, oder dass ich Entscheidungen getroffen habe, die sich nicht stimmig anfühlen. Höchste Zeit also, innezuhalten und hinzuhören: Was ängstigt mich gerade?
Selbstverständlich habe auch ich bei akuten sehr starken Schmerzen schon starke Schmerzmittel genommen.
Aber wir müssen im Blick behalten, dass wir das eigentliche Problem damit nicht lösen. Wenn wir den Schmerz als Feind betrachten, den es kontinuierlich zu bekämpfen und zu unterdrücken gilt, werden wir niemals verstehen, worauf er uns hinweisen möchte. Stattdessen können wir einen Schmerz als »somatischen Marker« begreifen und versuchen zu verstehen, was er uns sagen möchte.
Als ich während einer beruflich turbulenten Phase einmal von einer heftigen Erkältung aufs Krankenlager geworfen wurde, beklagte ich mich bitterlich bei einem befreundeten Gestalttherapeuten: »Und ich kann gar nichts tun!« Da entgegnete er lächelnd: »Doch, du kannst etwas tun! Du kannst jetzt krank sein! Das ist offenbar genau das, was dein Körper braucht!« Seitdem habe ich es nach und nach aufgegeben, gegen Erkältungen anzukämpfen. Ich lasse »den Griffel aus der Hand fallen« und lege mich ins Bett. Ich atme tief durch (soweit das mit verstopfter Nase geht) und sage mir: »Mein Körper nimmt sich jetzt, was er braucht.« Seither erlebe ich viel seltener Komplikationen im Heilungsprozess. Und ich muss mich nicht auch noch mit Wut, Schuldgefühlen und Ängsten herumschlagen – krank sein ist auch so schon blöd genug, oder?!

Wenn du dich das nächste Mal krank fühlst oder einen leichten Schmerz empfindest, beobachte dich liebevoll:

- Reagierst du sofort mit Angst und dem Impuls, den Schmerz zu betäuben?

- Versuch stattdessen, für einen Moment innezuhalten und den Schmerz zu akzeptieren als hilfreiches Signal deines Körpers.

- Frag dich, was der Körper dir da gerade »verordnet«. Ruhe und Entspannung? Oder Bewegung und entschiedenes Eingreifen?

- Versuch, dieser »Verordnung« zu folgen, unabhängig davon, ob du zusätzlich Medikamente einnimmst oder nicht.

»Verändere die ART UND WEISE,
wie du Dinge siehst, und die Dinge,
die du siehst,
verändern sich.«

Wayne Dyer

Vertraue DEINEM *Körper*

Was wäre das für ein wunderbares Leben, könnte ich meinem Körper vertrauen wie meiner besten Freundin! Ist das wirklich so undenkbar? Nein!

Klar, der Grundstein für ein stabiles Vertrauen in den eigenen Körper wird in der Kindheit gelegt. Mädchen und Jungen, die sich frei bewegen und austoben dürfen, ihre Kräfte erproben und ihr Gleichgewicht riskieren können, sich wehtun und wieder aufstehen, Sonne und Wasser auf nackter Haut genießen und kuscheln, die haben es leichter, ihren Körper auch als Erwachsene als Quelle von Freude, Lust und Ausdehnung zu erfahren. Wer bereits als Kind gelernt hat: »Am besten, ich probiere selbst aus, was ich kann!«, hat eine gute Grundlage für ein solides Vertrauen in den eigenen Körper. Man kann das auf jedem Spielplatz beobachten. Sind die Eltern steif vor Angst und reglementieren das Kind ständig beim Spiel, zeigt sich das Kind verunsichert und linkisch. Sind die Eltern gelassen und strahlen Vertrauen aus, üben die Kleinen sich unermüdlich im lustvollen Erproben ihrer Fähigkeiten. Genauso, wenn ein Kind sich wehtut. Die Kinder jener Eltern, die zunächst gelassen abwarten, spielen oft seelenruhig weiter. Jene Kinder aber, deren Eltern sofort hektisch aufspringen und das Kind vom Boden reißen, weinen fast immer schockiert und versteifen sich. Körpervertrauen ist die grundlegendste Form von Selbst-Vertrauen, die wir als kleine Menschen lernen. Wie auch immer unser Erfahrungshintergrund aussieht, wir können ein gutes Körpergefühl auch als Erwachsene noch neu erlernen. Dafür ist es zunächst hilfreich, überhaupt zu spüren:

Was fühlt sich schön an?

Dehnst und räkelst du dich zum Beispiel manchmal genüsslich, wenn du lange sitzen musst? Prima, das ist gesund! In dem Moment folgst du einem klugen Impuls deines Körpers: Die beim Sitzen verkürzten Bänder und Muskeln möchten sich ausdehnen. Solche kleinen, weisen Botschaften gibt dir dein Körper ständig, du musst bloß wieder lernen, sie zu hören. Du fühlst dich oft verspannt und steif? Dein Körper hat keine Lust auf das viele Herumsitzen. Auch nicht vor dem Fernseher oder im

»Kein Reh oder Bär, kein Elefant oder Wal, kein Vogel und keine Schnecke könnten jemals so auf der Stelle sitzen wie der Mensch. Sie würden austrocknen und bald sterben. Im Zoo kann man sehen, was das Sitzen aus wilden Tieren macht.«

Wilhelm Reich

Auto. Dein Körper will sich bewegen. *Dafür* ist er nämlich gemacht. Wilhelm Reich, Begründer der modernen Körperpsychologie, führt es uns deutlich vor Augen: Jedes Tier wird krank, wenn es ständig herumsitzt. Vergiss nicht: Auch wir sind Säugetiere.

Leider vertrauen wir unserem Körper viel zu selten. Stattdessen tun wir so, als sei er eine Maschine, die so funktionieren soll, wie wir es angemessen finden. Wir misstrauen seinen Signalen in dem Glauben, dass er uns »im Stich« lasse, wenn etwas anders läuft, als wir erwarten. Was aber, wenn der Körper das Gegenteil tut? Wenn er uns den richtigen Weg weist? Was passiert, wenn wir ihm vertrauen?
Rachel, 44, hat ihre Schwangerschaft als eindringliche Lektion in Körpervertrauen erlebt: »Gegen Ende der Schwangerschaft war klar, das Baby dreht sich nicht. Es sitzt aufrecht in meinem Bauch. Völlig gesund. Die Gynäkologin wollte mich dann rigoros zu einem Terminkaiserschnitt drängen. Das sei eben besser bei einer Steißlage. Ich war verzweifelt, weil sich das für mich total falsch anfühlte. Ich wollte das Kind ganz normal gebären und es nicht per OP aus dem Bauch geschnitten bekommen. Schließlich fand ich eine Hebamme, die mich auf diesem Weg bestärkte, und dann auch eine Klinik, die das unterstützte. So konnte ich mein Kind schließlich ganz normal als Spontangeburt zur Welt bringen. Aber nur, weil ich meinem Körper vertraut hatte statt der zu dieser Zeit gängigen ärztlichen Meinung.«

Hinhören hilft

Viele von uns sind ihrem Körper auf fast schon absurde Art entfremdet. Wir trauen ihm gar nichts mehr zu, noch nicht einmal etwas so Normales wie eine Geburt. Dabei haben Frauen schon zu allen Zeiten und in allen Kulturen Kinder zu Welt gebracht – häufig auch aus Steißlage. Waren beim Gebären früher oft Infektionen durch mangelnde Hygiene das Problem, so ist heute das häufigste Problem, dass die Frauen sich vor Angst so verkrampfen, dass sie den Geburtsvorgang dadurch aktiv behindern. Was hier hilft? Körpervertrauen! Die Wehen einfach passieren lassen. Der Körper macht sie von selbst. Wir müssen ihn nur lassen.

Genauso weiß der Körper auch in anderen Bereichen ganz genau, was uns guttut und was nicht. Oft weist er uns auf seelische Ungleichgewichtszustände hin. Dann entwickelt dein Körper Symptome, die dir sehr schnell sagen können, wo »der Hase im Pfeffer liegt«. Magenschmerzen, Kopfschmerzen, Rückenschmerzen, sie alle weisen uns häufig auf Schräglagen im Leben hin, unausgesprochene Konflikte, Überforderung, anstehende Veränderungen, vor denen wir uns fürchten. Hinhören hilft! Vertrau deinem Körper. Er signalisiert dir unmittelbar, wenn etwas »falsch« läuft.

Michael, 37, berichtet: »Einmal fuhr ich zu einem Vorstellungsgespräch. Ein gut bezahlter Job winkte. Bereits auf dem Hinweg hatte ich Rückenschmerzen. Auf dem Rückweg waren sie dann doppelt so schlimm. Ich erkannte: Mein Körpergefühl warnt mich vor etwas. Diese Schmerzen signalisieren: Angst. Als ich unter dieser Prämisse noch einmal an den möglichen neuen Arbeitgeber dachte, merkte ich, dass ich ihm tatsächlich nicht traute. Er war mir im Gegenteil zutiefst unsympathisch. Ich sagte die Stelle ab und bin bis heute froh darüber, dass ich meinem Rücken vertraut habe!«

Um auf die Weisheit deines Körpers vertrauen zu können, gilt es zunächst zu lernen, seinen Signalen achtsamer zu lauschen. Und zwar in einer Form des »liebevollen Hinhörens«, nicht als misstrauisches »Dich-selbst-Belauern« und ängstliches Kontrollieren, wie es der Hypochonder tut.

»Liebevolles Hinhören« meint, dass du auch einen Schmerz als wertvolles Signal verstehen kannst, mit dem dich dein Körper auf ein Ungleichgewicht hinweist. Ebenso deutlich signalisiert er dir in anderen Situationen: »Hier ist es gut! Ich fühle mich wohlig und warm, wach und entspannt, lustvoll und leicht.«

Je besser du dich selbst spürst, desto genauer weißt du, was richtig für dich ist und was nicht. Dein Körper sagt es dir – und er lügt nie!

Du kannst viele verschiedene Dinge tun, um dein Körpergefühl zu schulen und dich dadurch wohler »in deiner Haut« zu fühlen. Tango oder Karate, Meditation, Bogenschießen, Yoga, Reiten oder ein Achtsamkeitstraining haben schon viele Menschen auf diesem Weg unterstützt.

SELBSTFÜRSORGE

Du BIST *wichtig!*

Rate mal, wer der einzige Mensch ist, der langfristig dafür sorgen kann, dass es dir gut geht mit deinem Leben? Richtig, das bist DU!

Häufig sind wir geneigt, die Verantwortung für das »überfüllte« Leben, das wir führen, ins Außen zu delegieren: Meine Chefin fordert ja immer ... Meine Kinder wollen doch ständig ... Und so weiter. Aber Vorsicht: Nur DU selbst kannst dein Leben entschleunigen, gestalten, ausbalancieren! Niemand anders kann und wird es für dich tun.

Wir alle sehnen uns danach, unseren Platz in dieser Welt zu finden und uns an diesem Platz optimal zu entfalten. Aber nur du kannst wissen, spüren und ausdrücken, wo du hingehörst und was du von anderen Menschen brauchst.

Auf den nächsten Seiten findest du Anregungen, wie du deine Bedürfnisse klarer wahrnehmen und dich selbstbewusster und ohne schlechtes Gewissen um dich selbst kümmern kannst. Manchmal stehen wir uns dabei, bedingt durch alte Kränkungen, selbst im Wege. Dann vermeiden wir aus Angst Entwicklungsschritte, die eigentlich gesund wären. Es kann sehr heilsam sein, den Mut zu fassen, diese alten Verletzungen noch einmal ans Licht zu holen und zu heilen, damit wir uns von ihnen befreien und weitergehen können. Auch dafür bietet dir dieses Kapitel Inspiration und Unterstützung.

Wilde Gänse

Du brauchst nicht gut zu sein.
Du brauchst nicht Hunderte von Meilen
reuevoll auf Knien durch die Wüste zu rutschen.
Du brauchst bloß das weiche Tier deines Körpers
lieben zu lassen, was es liebt.
Erzähl mir von Verzweiflung, deiner, und ich erzähl dir meine.
Derweil dreht die Welt sich weiter.
Derweil bewegen sich die Sonne und die klaren Kiesel des Regens
durch die Landschaften,
über Prärien, die tiefen Bäume,
die Berge und Flüsse.
Derweil ziehen die wilden Gänse hoch in der klaren, blauen Luft
wieder heimwärts.
Wer immer du bist, gleich wie einsam,
die Welt öffnet sich deiner Vorstellung,
ruft dich wie die wilden Gänse, rauh und erregend –
wieder und wieder verkündend
deinen Platz
in der Familie der Dinge.

Mary Oliver

Eigene BEDÜRFNISSE formulieren

Willst du anfangen, dich besser um dich selbst zu kümmern? Dann beginne damit, deine eigenen Grenzen zu respektieren und zu lernen, deine Bedürfnisse zu formulieren.

Vor allem viele Frauen denken, es sei entweder egoistisch oder unnötig, dem Umfeld die eigenen Bedürfnisse mitzuteilen. Denn entweder seien diese Bedürfnisse so offenbar, dass die Liebsten oder Kolleg/innen dies von selbst sehen müssten, oder so übertrieben, dass es besser sei, sie gar nicht erst zu äußern. Leider ist es aber so, dass kein Mensch Gedanken lesen kann (weder Männer noch Frauen!). Außerdem ist es unbedingt sinnvoll, auch und gerade Bedürfnisse zu äußern, die sich mit hoher Wahrscheinlichkeit nicht mit den Bedürfnissen deines Umfeldes decken.

Vielleicht kennst du das: Deine Kollegin Petra wirkt schlecht gelaunt. Du fragst sie mehrmals, ob etwas nicht stimmt, wirst aber schnippisch abgewiesen. Nach einer Weile meidest du sie, weil du das Gefühl hast, Petra mag dich nicht.
In Wirklichkeit war es vielleicht so, dass Petra sich nicht getraut hat, ihre Bedürfnisse zu formulieren und zu sagen: »Du, Sabine, pass mal auf, das ist mir zu viel, dass die ganzen Abrechnungen jetzt bei mir gelandet sind. Können wir uns das vielleicht teilen?«
Sicherlich hättest auch du dich dann nicht über den zusätzlichen Berg Arbeit auf deinem Schreibtisch gefreut. Aber das eigentliche Problem wäre jetzt sichtbar und verhandelbar geworden: Vielleicht hättet ihr gemeinsam zu eurer Vorgesetzten gehen können und nachfragen, ob ihr dafür von anderen Tätigkeiten entlastet werden könnt. Und vor allem: Deine Beziehung zu Kollegin Petra hätte sich wieder verbessern können.

Die eigenen Bedürfnisse zu kennen und zu Gehör zu bringen ist ein Akt der Selbstverantwortung. Diese Selbstverantwortlichkeit entlastet das Umfeld.

Sagen, was du brauchst

Handelst du auch manchmal wie Petra und schluckst deinen Frust herunter – in der Hoffnung, die anderen merken von selbst, was los ist? Warum tun wir das?
Viele von uns haben als Kind gelernt, dass es fatale Folgen haben kann, hilfsbedürftig zu sein.

Rebecca musste als kleines Mädchen mit ansehen, wie ihr älterer Bruder von der Mutter verprügelt wurde, wenn er schlechte Noten nach Hause brachte. Ihr war klar: Das darf mir nie passieren. Ich muss in der Schule immer perfekt funktionieren. Was ihr auch gelang. Bis der Druck so groß wurde, dass Rebecca als Teenager schwere Migräneanfälle bekam. Eine liebevolle Ärztin half ihr, gütiger mit sich selbst und ihren »Schwächen« zu werden, so dass der innere Druck nachließ.

Hilfsbedürftigkeit einzugestehen ist für viele Menschen ein sensibles Thema. Ohne sich dessen unbedingt bewusst zu sein, befürchten sie einen Gesichtsverlust oder gar einen Liebesverlust (wie es bei Rebecca der Fall war). Deshalb tun sie alles dafür, um es »alleine schaffen« zu können, auch wenn sie dabei so über ihre körperlichen und seelischen Grenzen gehen, dass sie zusammenbrechen.
Bitte mach dir immer wieder bewusst, dass du auch deinem Umfeld nützt, wenn du klar formulierst, was du brauchst. Vor sich hin leidende »Märtyrer/innen« vergiften jeden aufrichtigen Kontakt. In der Spalte rechts findest du Vorschläge für eigenverantwortliches Sprechen und Handeln.

Wirke ich dadurch nicht zu selbstbezogen?
Viele Menschen fürchten sich davor, »egoistisch« zu wirken, wenn sie ihrem Umfeld deutlich machen, was sie brauchen und möchten. De facto bestätigt sich diese Angst meist nicht. Wenn Bedürfnisse klar ausgesprochen werden, werden sie auch verhandelbar. Die anderen fühlen sich ermutigt, ebenfalls zu sagen, was sie möchten, und nur so kann ein guter Kompromiss gefunden werden.

Eigenverantwortliches Handeln üben

- Achte darauf, wie oft du »Ich muss...« sagst.
- Versuch, so oft wie möglich stattdessen »Ich möchte...« zu sagen.
- Beobachte den Unterschied, den das in dir, aber auch in den Reaktionen deines Gegenübers auslöst.
- Du kannst ebenfalls üben, statt »Ich kann nicht...« jedes Mal »Ich möchte nicht...« zu sagen.
- Beide Formulierungen werden dir helfen, selbstverantwortlich für deine Bedürfnisse einzustehen. Denn sobald du merkst, dass »Ich möchte (nicht)...« eigentlich gar nicht stimmt, kannst du dich fragen, aus welchem Grund du dann so handeln würdest und ob das wirklich stimmig ist für dich.
- Du kannst mit ganz einfachen Situationen beginnen. Und du wirst feststellen, dass zum Beispiel dein Kind anders reagiert, wenn du sagst, du möchtest (statt du musst) jetzt lieber ein schönes Abendessen machen, als mit ihm zu spielen!

Schuldfähigkeit üben

Es ist wahr, dass wir uns in unserem Leben unvermeidlich schuldig machen anderen gegenüber. Der dänische Theologe und Gestalttherapeut Bent Falk erzählt in einem Vortrag ein berührendes Beispiel: Ein junger Mann verlässt seine alleinstehende Mutter und sie wird depressiv. Das Depressivwerden der Mutter aushalten zu müssen ist der Preis, den er für seine gesunde Autonomie als erwachsener Mann zahlen muss. Ein hoher Preis. Und dennoch – was wäre die Alternative gewesen?

Das Leben stellt uns manchmal vor die Herausforderung, Entscheidungen zu treffen, über die unser Umfeld nicht »Hurra« schreit. Sondern mit denen wir anderen zunächst wehtun.

Meine Klientin Hannah war 37 Jahre alt, eine wunderschöne und äußerst reflektierte Künstlerin. Ihre Mutter, eine wohlhabende Dame, war seit Jahrzehnten Alkoholikerin und neigte zu Übergriffigkeiten aller Art. Hannah rang seit Langem um den richtigen Abstand zu ihrer Mutter. Nun war ihre Mutter erpicht darauf, Hannahs fünfjährige Tochter in den Ferien für eine Woche bei sich zu haben. Hannah war bei dem Gedanken überhaupt nicht wohl. Sie traute sich jedoch lange Zeit nicht, ihrer Mutter dies direkt zu sagen. Eines Tages brach sie in der Therapie in Tränen aus und sagte: »Ich fühle mich so schuldig meiner Mutter gegenüber, wenn ich sie abweise.« Darauf erwiderte ich nach einer Weile: »Genau. Das ist der Preis, den Sie zahlen, wenn Sie einen Abstand zu Ihrer Mutter wählen, der für Sie und Ihre Tochter gesund ist.«
Diese Äußerung verblüffte Hannah sehr und sie musste lachen.
Wenige Wochen später teilte sie ihrer Mutter am Telefon mit, dass sie einen solchen Ferienaufenthalt der Tochter nicht wünsche. Sie erlebte dies nicht einmal als großen Schritt, sondern berichtete es ganz beiläufig in der Therapie.
Man sieht wunderbar: Nachdem das Schuldgefühl angenommen und integriert worden war, hatte es seine Macht über Hannah verloren.

You can‘t polish shit

Wir müssen uns nicht jedes Gefühl schönreden. »You can‘t polish shit«, sagt Bent Falk auch dazu. Manche Dinge müssen wir einfach akzeptieren als den Preis, den wir zahlen, um unser eigenes Seelenheil zu retten.
Ein gesundes Ausmaß an »Schuldfähigkeit« ist daher unverzichtbar. Denn wir zahlen ebenfalls einen hohen Preis, wenn wir all unser Handeln

im Leben nach der Maßgabe ausrichten, bloß niemandem gegenüber schuldig werden zu wollen. Menschen, die es immer allen recht machen wollen, kennen wir alle. Oft sind es Frauen. Das Fatale ist, dass diese Menschen meist wenig kritikfähig sind. Da jedes »Schuldigwerden« für sie eine unaushaltbare Katastrophe ist, wird auch auf die kleinste Kritik mit größter Verzweiflung reagiert. Das macht es sehr schwer, in einen offenen Dialog zu kommen. Oft haben diese Menschen in ihrer Kindheit nur für aufopferndes Verhalten liebevolle Zuwendung und Aufmerksamkeit erfahren. Viele von ihnen sind die Ältesten in der Geschwisterreihe gewesen und haben viel zu früh Verantwortung für andere übernehmen müssen. Heute wie damals sind ihre Antennen auf das Wohlbefinden anderer ausgerichtet, und es fällt ihnen schwer, Verantwortung für sich selbst zu übernehmen. Das aber ist nur möglich, wenn wir lernen, auszuhalten, dass wir zwangsläufig gelegentlich anderen gegenüber »schuldig« werden, sie frustrieren oder enttäuschen müssen, um uns nicht selbst zu überfordern oder zu verleugnen. Wenn Kollegin Petra sich also in Schuldfähigkeit übt, kann sie sich nächstes Mal leichter überwinden, Kollegin Sabine ihre Überforderung mitzuteilen und um Hilfe zu bitten. Davon wird letztlich nicht nur sie selbst, sondern die Atmosphäre im gesamten Arbeitsteam profitieren.

Der Preis für die Freiheit

Überleg doch einmal, ob du eine zusätzliche Aufgabe übernommen hast, die dir eigentlich längst zu viel geworden ist (ein Ehrenamt, ein Freundschaftsdienst, ein Vereins-Engagement etc.).
Ruf eine mit dir gemeinsam verantwortliche Person an und erkläre freundlich, dass du das Amt zum nächstmöglichen Zeitpunkt niederlegen möchtest.
Schließe nach dem Telefongespräch einen Moment die Augen und spür in Ruhe in dich hinein, ob Schuldgefühle aufsteigen.
Atme tief durch, sag dir: »Ich bin stark genug, diese Schuldgefühle auszuhalten. Sie sind der Preis für die Freiheit, die ich soeben gewonnen habe.«
Die Schuldgefühle werden dich vielleicht immer wieder mal »besuchen«. Je schneller du sie erkennst und je freundlicher, aber bestimmter du ihnen begegnen kannst, desto weniger mächtig werden sie.

»Ich bin die Herrin der Insel«
MEDITATION FÜR GELASSENHEIT UND INNERE RUHE

Übungsanleitung

Wenn ich selbst innerlich unruhig bin und mich von immer wiederkehrenden Sorgen, Grübeleien oder peinigenden Gedanken geplagt fühle, praktiziere ich gerne diese wohltuende Meditation. Du kannst sie abends im Bett ausprobieren oder auch in jeder anderen Situation, in der du kurz zur Ruhe kommen möchtest.

- Stell dir vor, du bist die Herrin/der Herr einer kleinen Insel im Ozean.

- Wolken ziehen über die Insel hinweg. Regenschauer gehen herunter und nässen die Felsen und Urwälder, dann kommt wieder die Sonne heraus. So geht es im ewigen Wechsel. Die Insel bleibt davon ganz unbeeindruckt. Sie liegt seit Jahrtausenden an ihrer Stelle.

- Stürme peitschen hohe Wellen gegen die schroffen Felsen. Den Felsen macht das gar nichts aus. Die Wellen fließen wieder ab.

- Manchmal wollen feindliche Schiffe auf der Insel anlegen. Dann stehst du als Herrin auf und schickst sie fort. Du entscheidest, wer deine Insel betreten darf und wer nicht.

- Alle Gedanken, die dir nicht guttun, weil sie dich aufwühlen, dir ein schlechtes Gewissen machen, dich beschweren, identifizierst du als solche Schiffe. Wenn sie kommen, schickst du sie fort, du lässt sie nicht an Land kommen. Du weist sie ab, denn Kriegsschiffe bringen Unruhe und sind auf deiner Insel nicht willkommen!

- Ist das kriegerische Schiff fortgeschickt, genießt du wieder die Wolken, den Regen, die Wellen, die ewige Ruhe.

- Sollten neue Schiffe kommen, vollziehst du einfach wieder das Fortschicken.

Kämpfe nicht gegen Gefühle an, lass sie durch dich hindurchziehen. In deine Gedanken jedoch kannst du lenkend eingreifen.

Diese Übung kann dir wunderbar helfen, dich nicht mehr als »Opfer« deiner Gedanken zu fühlen. Sie unterstützt dich darin, *deine Gefühle* durch dich »hindurchlaufen« zu lassen wie die Wolken und die Stürme, in *deine Gedankenwelt* aber bewusst lenkend einzugreifen. Tatsächlich ist es so, dass wir uns unsere Gefühle nicht aussuchen können. Deshalb ist es weise, wenn wir Gefühle kommen und gehen lassen, ohne sinnlos gegen sie anzukämpfen. Wir können sie nicht »fortschicken«, ebenso wenig wie wir den Regen fortschicken können. Aber wir müssen uns auch nicht übermäßig mit ihnen identifizieren. Ich bin nicht der Regen. Ich akzeptiere nur, dass er niedergeht als Teil meiner Innenwelt. Gleichzeitig weiß ich, dass er auch wieder abziehen wird.

Deine Gedanken jedoch kannst du lernen zu lenken. Dazu musst du dich aber zunächst darin üben, dir überhaupt selbst »beim Denken zuzuhören«. Das gelingt am besten, wenn du alleine bist, und am allerbesten in Stille.

Mit gutem GEWISSEN berufstätig Eltern sein

Man sollte ja meinen, es sei die normalste Sache der Welt, dass ein erwachsener Mensch sowohl einen Beruf *als auch* Kinder hat, so er dies wünscht. Mir ist auch noch von keinem Familienvater zu Ohren gekommen, den man in einem Bewerbungsgespräch besorgt gefragt hätte, ob er sich diese »Doppelbelastung« auch wirklich zutraue, die da auf ihn zukäme. Nach wie vor geht man selbstverständlich davon aus, die Kinderbetreuung und somit die »Doppelbelastung« sei ein Frauenthema.

Vor allem in West-Deutschland wird mit zweierlei Maß gemessen und es wird den Frauen von vielen Seiten schwer gemacht. Im europäischen Vergleich finden berufstätige Mütter heutzutage fast nirgendwo so schlechte Rahmenbedingungen und geringe Akzeptanz wie hier. Deshalb hat die deutsche Mutter vor allem eines: Ein permanentes schlechtes Gewissen. Nina Puri analysiert in ihrem brüllkomischen Buch *Karriere im Eimerchen? Warum Mütter nicht zum Arbeiten kommen* messerscharf, wie schon die Schwangere das schlechtes Gewissen eingeimpft bekommt:
»Alles kann jetzt verheerende Folgen für das ungeborene Kind haben. Teewurst-Schnittchen verursachen Toxoplasmose. Möhren stören das Wachstum. Zimtkekse fördern Frühwehen. Rohmilchkäse ist die Eintrittskarte zur Fehlge-

> »Wenn wir an einem Kind etwas ändern wollen, sollten wir zuerst prüfen, ob es sich nicht um etwas handelt, das wir an uns ändern müssen.«
>
> Carl Gustav Jung

burt. Spiegelei ist das Tor zur Hölle. Hört das Kind im Mutterleib ›Fettes Brot‹ statt Vivaldi, wird es Werbegrafiker statt Zahnarzt. Schmeckt es Coca-Cola statt Mate-Tee, wird es Hooligan statt Hipster. Wenn man sich ausmalt, was man schon als werdende Mutter alles falsch machen kann, kriegt man Herzrasen – wovon ich an dieser Stelle allerdings dringend abrate, denn Herzrasen kann beim Kind zu Neurosen führen. Ebenso übrigens wie Ärger, Frustration, Nervosität oder Traurigkeit. ›Neurochemische Informationen an das Ungeborene‹ nennen Psychologen es, wenn schon ein mütterlicher Seufzer zur Folge haben kann, dass für das Kind Hopfen und Malz verloren ist.«

Da wir als Schwangere also bereits ein schlechtes Gewissen haben müssen, wenn wir weiterhin ganz normale Menschen mit ganz normalen Grundgefühlen sind, statt uns fortan zu entrückten Mutter-Glücksgöttinnen zu transformieren, was dann erst, wenn wir auch noch einer ganz normalen Berufstätigkeit nachgehen möchten?

Unvorstellbar, was wir dem Nachwuchs da zumuten. Oder? Glücklicherweise gehen die Meinungen da zumindest auseinander, auch innerhalb Deutschlands. Grenzt die Berufstätigkeit einer bayerischen Mutter in den Augen ihres Umfeldes noch immer an grob fahrlässige Kindeswohl-Gefährdung, kann ihre brandenburgische Kollegin mit größter Selbstverständlichkeit zur Arbeit gehen.

Meine Freundin Laura betritt in Bielefeld mit ihrem knapp Zweijährigen morgens eine Bäckerei, um ihm noch ein Brötchen für den Kindergarten zu kaufen. Sagt die Bäckerin seufzend: »Das arme Kleine. Muss in dem Alter schon in den Kindergarten.« Zwei Stunden später die gleiche Situation im Osten von Berlin: Die Bäckerin schaut mein Kind interessiert an und fragt: »Na? Wieso bist du denn gar nicht im Kindergarten?! Bist du krank?«

In den ehemaligen Ost-Bundesländern finden die Leute es auffällig, wenn ein Zweijähriges am Vormittag nicht im Kindergarten ist. Mir, die ich im Westen aufgewachsen bin mit einer nie berufstätigen Mutter, tat diese Reaktion unglaublich gut. Erst als ich persönlich die Selbstverständlichkeit erlebte, mit der man in Ost-Deutschland die Berufstätigkeit von Frauen behandelt, wurde mir bewusst, wie albern das schlechte Gewissen war, das ich mit mir herumgeschleppt hatte. Mein Sohn fühlte sich außerordentlich wohl in seinem Kindergarten und rief fast jedes Mal, wenn ich ihn um 15:30 Uhr abholte: »Och Mama, wieso bist du denn schon da?! Ich spiel doch gerade noch so schön!«

Lerne, die Liebe deines Kindes zu teilen!

Manchmal machen wir Mütter uns auch selbst das Leben schwer. Zum Beispiel, indem wir den Kindsvätern von Beginn an signalisieren: »Du bist ja nur ein Elternteil zweiter Klasse. Ich als Mutter bin letztlich *immer* wichtiger.«

Glückliche Eltern, glückliche KINDER!

Dies erweist sich – welch Wunder – als mächtige Selffullfilling Prophecy. Die Männer trauen sich dann nichts zu, wachsen nicht in die neuen Aufgaben hinein und entwickeln kein Selbstbewusstsein als Vater. Also wirken sie auf die Kinder auch weniger vertrauenswürdig. Dabei geht es auch anders – und zwar ganz leicht. Wenn der Vater von Geburt an als kompetentes und voll verantwortliches Elternteil angesehen wird und agiert, wird er das auch weiterhin bleiben. Es existiert kein weibliches »Windeln wechseln und Fläschchen geben«-Gen. Muttermilch kann auch abgepumpt und vom Vater gegeben werden. Männer können genauso einfühlsam, kontaktfähig und ansprechbar sein für ihr Kind, wie Frauen es können. Falls jemand daran zweifelt, soll er (oder sie) mit einem der vielen Väter sprechen, die Elternzeit genommen und ihr kleines Kind betreut haben. Zu Recht sind diese Männer empört darüber, dass rückständige »Frauen zurück an den heimischen Herd«-Politiker/innen ihnen entsprechende Befähigungen absprechen. Aber auch so mancher Frau fällt es eben schwer, zu akzeptieren, dass sie am heimischen Wickeltisch sehr wohl ersetzbar ist. Obwohl die Erfahrung, ersetzbar zu sein, ja durchaus befreiend wirken kann.

Maren, 38, berufstätige Mutter von drei Kindern, formuliert es so: »Für mich war das eine ganz tolle Erfahrung, zu spüren, dass die Kindergärtnerinnen mein Kind auch wirklich lieb haben. Dass da jetzt noch mehr Menschen dazugekommen sind außer meinem Mann und mir, die sich täglich um unser Kind Gedanken machen und eine Beziehung zu ihm haben, eine Bindung.« Pädagogik und Psychologie wissen es seit Langem: Unseren Kindern tut es gut, zu mehreren verschiedenen Menschen eine Beziehung zu haben. Nicht umsonst sagt ein afrikanisches Sprichwort: »Es braucht ein ganzes Dorf, ein Kind zu erziehen.«

Du tust deinem Kind also etwas Gutes, wenn du es nicht alleine zu Hause erziehst (mit Partner/in oder ohne), sondern ihm auch tägliche Begegnungen und stabile Bindungen mit anderen Erwachsenen und Kindern ermöglichst.
Davon abgesehen gilt, dass glückliche Eltern üblicherweise auch glückliche Kinder haben. Die Strategie des »Sichaufopferns für die Kinder« hat noch nie gut funktioniert. Dabei sind bloß jede Menge depressive Mütter herausgekommen. Wenn du wirklich Lust hast, eine Vollzeitmutter zu sein, dann mach es. Wenn es dich aber unzufrieden macht, lerne lieber, anderen Menschen dein Kind anvertrauen zu können und geh arbeiten. Damit tust du allen Seiten den größeren Gefallen.

Interesse AN SICH SELBST *entwickeln*

Kennst du den Typ Mensch, der nur von anderen spricht und niemals von sich selbst? Er begegnet mir gelegentlich in meinen Anti-Burnout-Seminaren und ist ein gutes Beispiel für das, was passiert, wenn wir wenig Interesse an uns selbst entwickelt haben.

Nehmen wir etwa Martha, 57 Jahre alt und Lehrerin. Sie erzählt, wo ihre erwachsenen Kinder zuerst studiert haben und wo jetzt, welches Musikinstrument das Enkelkind lernt, welche schlimmen Krankheiten die eine Nachbarin schon bekommen hat und welche die andere Nachbarin neuerdings hat, etc. Hinterher weiß ich eine Menge Dinge über mir vollkommen fremde Menschen, aber ich weiß nichts über Martha. In der Vorstellungsrunde des Wochenendseminars für Lehrkräfte beginnt Martha mit: »Eigentlich weiß man gar nicht recht, was man jetzt hier soll. Man hat schließlich auch noch eine Menge Arbeit zu Hause. Es müssen noch Klassenarbeiten korrigiert werden und mein Mann ist auch nicht gerade gerne alleine daheim.« Eine Kollegin habe Martha zu dem Seminar »überredet«. Martha wirkt müde und gereizt. Sichtbar angespannt sitzt sie in ihrem Stuhl, als sei sie gezwungen worden, an der Fortbildung teilzunehmen, und deshalb jetzt wütend auf mich und die ganze Gruppe.

Es ist nicht leicht, mit dieser Wut umzugehen. Die ambivalente Botschaft »Eigentlich möchte ich ja gar nicht hier sein!« enthält ein gehöriges passiv-aggressives Potenzial, am liebsten möchte ich sofort rufen: »Ja, dann geh doch!« Tatsächlich biete ich als Gruppenleitung Menschen wie Martha immer zunächst an, noch einmal zu überprüfen, ob es wirklich stimmig für sie ist, jetzt hier zu sein, oder ob sie nach Hause fahren möchten. Martha blieb.

In einem solchen dreitägigen Seminar geht es viel darum, sich selbst zu spüren. Wir machen Entspannungseinheiten und Körperarbeit, Massage, Theaterübungen, Tanz. Es gibt kurze Phasen für Reflektion und Austausch, aber der Schwerpunkt liegt auf dem Wahrnehmen, Spüren, Hinhören: Wie geht es mir (in meinem Körper), was tut mir gut, was macht mir Spaß. Am zweiten Abend in der Schlussrunde kämpft Martha mit den Tränen. Unter großen Anstren-

gungen hält sie sich zurück und sagt: »Also ich weiß nicht, ob das hier so richtig für mich ist. Ich könnte heulen. Aber das möchte ich nicht.« Mehr will sie nicht sagen.
Es ist klar: Martha ist an ihre Grenzen gekommen. Ihre übliche Bewältigungsstrategie greift nicht: Martha schützt sich normalerweise vor ihren Gefühlen, indem sie die gesamte Wahrnehmung auf andere lenkt. So kann sie sich selbst immer in der Rolle der guten, helfenden, sich aufopfernden Mutter wahrnehmen. Was Martha jedoch nie entwickelt hat, sind Interesse und Wertschätzung für sich selbst. Ihre eigenen Gefühle zu spüren ist sie nicht gewohnt. Sie versteckt sich hinter den Geschichten ihrer »perfekten« Kinder und Enkelkinder. Dieses Versteck ist ihr durch die nonverbalen, körperorientierten Methoden im Seminar plötzlich genommen. Sie fühlt sich ungeschützt.

Während Martha bis zum Schluss in dieser ambivalent-abwehrenden Haltung blieb, entwickelte sich Anne, 35 Jahre, in einer ähnlichen Fortbildung ganz anders. Bereits am ersten Abend nach einer Entspannungsübung bricht Anne regelrecht zusammen. Sie weint bitterlich, kann gar nicht mehr aufhören. Ich schicke die anderen Teilnehmenden in eine Pause und spreche alleine mit Anne. Ihr ist mit voller Wucht bewusst geworden, dass sie niemals auf sich achtet, sondern nur auf andere. Dass sie sich selbst völlig verloren hat. Sie ist bestürzt und verzweifelt ob dieser Erkenntnis und überlegt, ob sie abreisen muss. Ich ermutige Anne, trotzdem dazubleiben. Sich ihre Tränen und ihre Verzweiflung zuzugestehen und abzuwarten, was weiter passieren wird. Einfach nur da zu sein, als die erschöpfte und traurige Anne, die sie jetzt gerade ist. Anne bleibt, mit ihrer Trauer – und blüht im Laufe der Tage auf. Sie genießt viele der Übungen, manchmal sehe ich sie in Kleingruppenphasen gemeinsam mit anderen herzlich lachen.
Monate später schreibt mir Anne, dass das Seminar ein Wendepunkt in ihrem Leben war. Sie hat sich von dort aus auf dem Weg gemacht, herauszufinden, was ihr guttut. Sie übt sich nun darin, sich selbst und ihre Bedürfnisse tatsächlich ernst zu nehmen.
Was Anne von Martha unterschied, war vor allem eines: Anne interessierte sich für sich. Sie nahm ihre heraufdrückenden Gefühle (obwohl sie so heftig waren) nicht nur als lästigen, überflüssigen Störfaktor wahr, sondern sie hörte hin. Sie zog ihre Aufmerksamkeit einmal von ihren Mitmenschen ab, lauschte in sich selbst – und ihre innere Not – hinein und traute sich sogar, auch mit dieser sichtbaren Not in der Gruppe zu bleiben. Dieses Interesse für sich selbst geleitete Anne schließlich auf einen neuen Weg.

Du bist nicht auf der Welt, um anderen zu gefallen!

Dich selbst wichtig nehmen

- Übe dich darin, statt »man« oder »wir« möglichst oft »ich« zu sagen.
- Spür den Unterschied, den das macht. Sprich ganz bewusst von dir, deinen eigenen Wahrnehmungen, Gefühlen und Gedanken.
- Entwickle Gefallen daran, dich von anderen zu unterscheiden. Was magst nur du, niemand sonst in deiner Umgebung? Bist du Fan eines chronisch erfolglosen Fußballvereins, liebst du lavendelfarbene Strickjacken, gehst du gerne auf Schlager-Konzerte? Oder vielleicht Death Metall?! Was soll's! Steh dazu! Entwickle deine Interessen und pfleg deine Spleens, ohne Rücksicht darauf, was andere darüber denken.

Steck den SCHLÜSSEL für
dein Glück nicht
jemand anderem in die Tasche.

Verantwortung ÜBERNEHMEN *für dich selbst*

Wenn du anfängst, eigenverantwortlich zu handeln, braucht das Mut – aber nur so kannst du dich weiterentwickeln und den Weg mitbestimmen, den dein Leben nimmt, statt dich als Opfer der Umstände zu fühlen.

Vor einigen Jahren kam Gisela, 59, in meine Praxis. Sie fühlte sich erschöpft und ängstlich und war nicht sicher, ob das ein neuer Depressionsschub oder ein beginnender Burnout sei. Vorsichtshalber hatte sie sich von ihrem Arzt wieder Antidepressiva verschreiben lassen, die sie seit einigen Wochen einnahm.

Schon im ersten Gespräch war zu erkennen, dass die depressiven Schübe in Giselas Leben keineswegs »vom Himmel gefallen« waren. Vielmehr war Gisela immer dann depressiv geworden, wenn ihr Leben in eine scheinbar ausweglose Sackgasse geraten war, aus der sie sich unfähig fühlte, sich zu befreien. Es wurde auch deutlich, dass es sich bei ihrer Ehe seit

Jahrzehnten um eine »Funktionsbeziehung« handelte, in der man sich nicht viel zu sagen hatte. Gisela sorgte sich darum, wie die Zeit nach der Pensionierung ihres Mannes werden würde.

Als ich Gisela darauf hinwies, dass sie unter der »Sprachlosigkeit« in ihrer Ehe offenbar oft sehr gelitten hatte, sagte sie nur: »Ja, aber ich wollte mich nie scheiden lassen.« **Dass Gisela an der Qualität dieser Beziehung etwas ändern könnte, daran hatte sie offenbar nie gedacht.**

Als ich Gisela gegen Ende der zweiten Sitzung darauf aufmerksam machte, an welchen markanten Punkten in ihrer Lebensgeschichte die Depressionen eingesetzt hatten und dass die bevorstehende Pensionierung ihres Mannes ja nun auch so ein »Wendepunkt« sei, erwiderte sie abwehrend, ihr Arzt habe ihr erklärt, Depressionen kämen durch eine Störung im Gehirnstoffwechsel, dem Serotoninmangel, zustande. Ich bot ihr daraufhin an, doch trotzdem gemeinsam Strategien zu erarbeiten, wie sie sich besser auf die bevorstehenden Veränderungen vorbereiten könne.

Die dritte Sitzung sagte Gisela telefonisch ab, da sie einen Hörsturz erlitten habe. Sie kam nie wieder.

Mein Angebot, ihr dabei zu helfen, Selbstverantwortung zu übernehmen, hatte Gisela offenbar überfordert. Sie fühlte sich in ihrem Selbstbild nicht verstanden: Sie war doch Opfer einer Krankheit! Ihr Hirnstoffwechsel spielte ihr doch böse Streiche! Darüber nachzudenken, ob sie selbst aktiver in ihre Lebensgeschichte eingreifen könnte – oder früher hätte eingreifen können –, war zu bedrohlich für Gisela.

Eine solche Haltung des »Was immer ich tue, ich kann sowieso nichts ändern« habe ich oft bei Menschen angetroffen, die die Diagnose »Depression« mit sich herumschleppten. Das Problem ist, dass eine rein biologistische Erklärung das depressive Grundgefühl des hilflosen Ausgeliefertseins an eine trostlose Welt quasi noch verstärkt. Und wenn diese Erklärung über Jahrzehnte nicht infrage gestellt wurde, wie bei Gisela, dann wird es immer schwieriger, sich selbst noch einmal anders zu begreifen: nämlich als Einfluss nehmende, mit sich selbst und anderen mitfühlende, sich weiterentwickelnde Persönlichkeit.

Antidepressiva verstärken die negative Selbstsicht zusätzlich, indem sie die Fähigkeit zum (Selbst-)Mitgefühl drastisch reduzieren, da sie die Gefühlstiefe generell beschneiden. Wer sich selbst und seine Bedürfnisse nicht spüren kann, ist von seiner Intuition abgeschnitten und so der Grundlage beraubt, den Weg seines Lebens neu auszurichten. Insofern sind die Vor- und Nachteile einer medikamentösen Behandlung von Depressionen mit äußerster Sorgfalt abzuwägen.

Auch Matthias, 43, kam mit der Sorge in meine Praxis, ob er gerade in einen erneuten depressiven Schub rutsche. Die Situation an seinem neuen Arbeitsplatz überforderte ihn zunehmend, er war zunächst für 14 Tage krankgeschrieben. Als wir uns dieses Arbeitsumfeld im Gespräch näher ansahen, konnte Matthias ein neues Verständnis für sich selbst gewinnen: Er war in ein Klima voller alteingespielter Feindseligkeiten und Aggression geraten, in dem er sich unwohl und fehl am Platze fühlte. Matthias erkannte auch, dass er in seiner Überforderung zunächst auf sein altes Muster zurückgegriffen hatte: depressiven Rückzug.

Binnen weniger Monate befreite sich Matthias aus dieser Situation und suchte sich aktiv eine neue Stelle, die besser zu ihm und seinen Bedürfnissen passte.

Matthias erlebte es als große Bestärkung, den Grund für sein Unwohlsein nicht länger in einem generellen »mangelhaft sein« zu sehen (depressiv, schwach, zu wenig belastbar), sondern als eine Mischung aus ungünstigen äußeren Umständen, in die er schuldlos geraten war, und zu einseitigen Bewältigungsstrategien (stummer Rückzug, Schuldgefühle). Im Zuge seiner Therapie begann er außerdem, seine – wie er es nannte »etwas eingeschlafene« – Ehe wieder zu beleben, indem er sich traute, Bedürfnisse deutlicher zu formulieren und seine Frau um das gleiche zu bitten. Das führte zu mehr seelischer Nähe, die er sehr genoss, und schließlich auch zu einem reicheren Sexualleben, das ihn mit großer Freude erfüllte. Matthias hat das Übernehmen von Eigenverantwortung als Gestaltungsspielraum begriffen, nicht als Zumutung, und sein Leben so auf vielfältige Weise bereichert.

Vielleicht kannst du unter diesem Blickwinkel auch einmal auf dein eigenes Leben schauen. Wo gilt es, etwas in die Hand zu nehmen, zu entscheiden, dich abzugrenzen oder auf jemanden zuzugehen?

»Freiheit erwächst aus der Fähigkeit, auf Reize nicht mit einem festgelegten Muster zu antworten«, schreibt die buddhistische Gestalttherapeutin Marie Mannschatz.

Eigenverantwortung schafft Gestaltungsspielraum.

Alte KRÄNKUNGEN *anerkennen*

Sich schmerzlichen Erfahrungen aus der eigenen Lebensgeschichte zuzuwenden, ist nicht unbedingt angenehm. Doch wenn du es mit offenem Herzen und Mitgefühl für dich selbst tust, ist es, als kommt endlich Luft an eine alte Wunde, so dass sie leichter heilen kann.

Seit ich als Psychotherapeutin arbeite, begegnen mir unglaublich oft Geschichten von Mobbing-Erfahrungen in der Jugend. Es sind Geschichten tiefster Kränkungen. Meine Klientinnen und Klienten erzählen, wie sie als Jugendliche ausgeschlossen, verhöhnt und gedemütigt wurden. Wie hilflos sie sich fühlten, und immer: wie alleine. In keinem der mir bekannten Fälle hat ein Erwachsener auf kompetente Weise eingegriffen. Die 13- bis 16-jährigen Mädchen und Jungen waren mit ihrem Schmerz ganz allein. Wenn sie Glück hatten, fanden sie irgendwann Kontakt zu Gleichaltrigen, mit denen sie sich verbünden konnten. Wenn nicht, zogen sie sich komplett in sich zurück, manche fixierten sich auf ihre schulischen Leistungen und wurden »Streber«. Viele der erwachsenen Menschen, die nun zu mir in die Therapie kommen, tragen diese Verletzungen noch immer ungeheilt mit sich herum. Sie haben große Ängste, erleben sich als »Einzelkämpfer«, und vor allem: Sie sind gnadenlose Perfektionisten. Das ist das Muster, das sie verinnerlicht haben: Ich bin unabhängig von anderen, ich kann alles alleine, ich lasse mich nie mehr so kränken von anderen, lieber vertraue ich keinem.

Heike, 29 Jahre, kam während ihres Referendariats zu mir in die Therapie. Sie fühlte sich dem Außendruck der Lehrerausbildung am Gymnasium kaum noch gewachsen, schlief schlecht und kam innerlich nicht mehr zur Ruhe. Sie erlebte das ständige Kontrolliert- und Bewertetwerden ihrer Leistungen als Lehrerin durch Schüler, Mentorinnen und Schulleitung als äußerst quälend.
Die Gespräche machten immer deutlicher, was für existenzielle Versagensängste in Heike angerührt wurden. In ihrer Wahrnehmung war sie nämlich schon einmal in der Schule »gescheitert«: Sie war die ungeliebte, verachtete Außenseiterin gewesen. Tief in ihr lebte die Scham weiter, nicht reich und schön und klug genug, nicht akzeptabel zu sein. Die anderen Mädchen in Heikes Klasse kamen damals aus »heilen« Familien, wo die Eltern Akademiker waren. Heikes Stiefvater dagegen war »nur« ein rühriger Selfmademan, man verachtete ihn als ungebildeten Neureichen. Und so steckte Heike noch immer die Angst in den Knochen, plötzlich »aufzufliegen«. Sie fürchtete, wenn die anderen zu genau hinsehen, dann wird sie wieder Verachtung und Demütigung erfahren. Dann wird offenbar, dass sie doch »in Wirklichkeit« ein verachtenswertes Mädchen ist.

Als Heike dies in der Therapie bewusst wurde, weinte sie sehr. Dieses Weinen war wichtig. Es war Ausdruck von Heikes tiefem Mitgefühl mit dem ausgelieferten Teenager, der sie damals war. Gleichzeitig sah sie jetzt, dass es in keiner Weise ihre »Schuld« gewesen war, wenn ihre Mitschülerinnen sie ausgeschlossen und gedemütigt hatten.
Danach veränderte sich Heikes Sichtweise auf diesen schweren Teil ihrer Geschichte. Sie empfand großen Respekt vor ihrem Stiefvater und konnte sich mit ihm identifizieren. Außerdem erinnerte sie sich, wie sie den Mitschülerinnen von damals Jahre später bei einem Klassentreffen begegnet war – und diese heute als reichlich langweilig und stinknormal empfunden hatte.
Heike hat ihre Kränkung anerkannt und integriert – sie hat die »alten Gespenster« entmachtet, so dass sich ihre Ängste nicht mehr aufblähten wie Flaschengeister. Das half ihr sehr. Ihr Perfektionismus schrumpfte auf ein erträgliches Ausmaß und sie sah den diversen Prüfungssituationen nun mit realistischer Gelassenheit entgegen.

Mitgefühl entwickeln mit sich selbst

Von Heike können wir lernen, wie wichtig es ist, nicht nur mit unserem aktuellen, erwachsenen Ich Mitgefühl zu haben, sondern auch mit all unseren vergangenen Ichs. Viele von uns haben als Kinder, Jugendliche oder junge Erwachsene schmerzhafte Kränkungen erfahren. Damit diese abheilen können, ist es unendlich hilfreich, sich im Geiste noch einmal zu diesem jüngeren Ich setzen zu können, seine Hand zu nehmen und seine Ohnmacht, Verzweiflung und Trauer einfach anzuerkennen, ohne irgendetwas schönreden zu wollen. In solchen Momenten gelingt es, sich selbst eine gute Mutter bzw. ein guter Vater zu sein. Etwas Heilsameres gibt es kaum.

Deinem »inneren Teenager« Unterstützung geben

KONTAKT AUFNEHMEN MIT ALTEN KRÄNKUNGEN

Erlaube dir, über das zu weinen, was dir damals passiert ist. Begleite dich selbst liebevoll.

Übungsanleitung

Als Therapeutin biete ich manchmal eine gedankliche Übung an, angelehnt an das »Innere Team« von Friedemann Schulz von Thun. Man kann sie auch sehr gut für sich alleine machen, sie wirkt oft tröstend und stabilisierend.

Dabei kannst du dir vorstellen, dass dein jetziges Ich aus einem Team von inneren Personen besteht, die unterschiedliche Eigenheiten, Impulse, Bedürfnisse und Interessen haben.
Oft gehören zu diesem »inneren Team« auch ein Kind und ein Teenager. Aber auch erwachsene Teile, beispielsweise eine lustbetonte Abenteurerin, eine ehrgeizige Kämpferin, eine weise, ältere Beraterin und eine liebevolle (oder auch strenge!) Mutter. Gerade das innere Kind ist oft sehr schutzbedürftig, vielleicht auch traurig. Und der Teenager kann enorm verzweifelt sein, bis hin zu Selbstmordgedanken. Stell dir nun vor, wie die erwachseneren Teile in deinem inneren Team diesen Teenager aufs Sofa setzen, liebevoll in eine Wolldecke hüllen und ihm einen Kakao reichen. Sie nehmen seine Verzweiflung ernst, signalisieren aber auch: Wir sind jetzt da, um die Verantwortung zu übernehmen.
Diese gedankliche Übung ist eine sehr effektive Hilfe gegen Momente überbordender »Teenager-Verzweiflung«. Sie macht dir sofort deutlich, dass es im Hier und Jetzt diese Verzweiflung gibt *und* auch Sicherheit und Schutz.

Falls du früher auch Mobbing-Erfahrungen gemacht hast, dann erzähl jemandem davon, was damals genau passiert ist. Einer guten Freundin, deinem Partner, wem auch immer du zutraust, sich dies einfach nur mitfühlend anzuhören. Falls da gerade niemand ist, beschreib die Erfahrungen und die Gefühle, die du damals hattest, in deinem Tagebuch. Solltest du den Eindruck haben, die Erinnerungen überfordern dich, such dir eine Therapeutin, einen Coach oder Seelsorger als Begleitung.

Schlaf DICH *gesund*

Viele Menschen, die sich sehr erschöpft fühlen oder eine Burnout-Gefährdung bei sich wahrnehmen, fragen: Was kann ich tun, um zu verhindern, dass es so weit kommt? Wie kann ich rechtzeitig Warnsignale wahrnehmen und entsprechend gegensteuern?

Das ist eine sehr gute Frage – auf die es sogar eine relativ einfache Antwort gibt. Was du tun kannst ist: deinem Körper zuhören. Der Körper sendet schon in einem sehr frühen Stadium von Überforderung Warnsignale. Zum Beispiel ständige, bleierne Müdigkeit. Und hören wir auf das Signal? Gehen wir nach Hause und legen uns ins Bett?

Nein, wir trinken erst mal einen Kaffee. Zunächst reichen zwei Tassen am Tag, irgendwann ist es eine ganze Kanne, bei manchen auch zwei. Die Folge ist, dass die Betroffenen immer schlechter schlafen und ihre Infektanfälligkeit rapide ansteigt.

Kaffee trinken bedeutet immer, sich vom Körper die Energie von morgen auszuleihen. Man lebt sozusagen energetisch »auf Pump«. Das macht der Körper nur begrenzte Zeit mit, dann geht er »in die Knie«. Wenn wir das Immunsystem um die benötigten Erholungszeiten bringen, die es braucht, um sich zu regenerieren, knickt die Abwehr ein – wir bekommen eine Erkältung. Stufe zwei der Warnungen, die unser Körper sendet. Wenn wir jetzt im Bett (oder auf dem Sofa) bleiben, Körper und Seele endlich die benötigte Ruhe gönnen und uns mit Tee, Suppe und Schlaf aufpäppeln, ist der Infekt vielleicht in einer guten Woche ausgeheilt und wir sind voller Energie wieder »an Deck«.

Aber machen wir das so?

Oder werfen wir eine Schmerztablette ein, um die Signale unseres Körpers nicht hören zu müssen, und gehen mit Schnupfen weiter zur Arbeit?

Dann kommt Stufe drei, die Nebenhöhlenentzündung. Manche Menschen ziehen hier endlich die Notbremse und lassen sich krankschreiben. Andere greifen jetzt zu Antibiotika: Und funktionieren weiter.

Dann häufen sich die Infekte, die Antibiotika wirken nicht mehr, man geht ins Krankenhaus, um sich den entzündeten Schleim, der gar nicht mehr abfließen will, mechanisch absaugen zu lassen.

So machen Menschen mit Burnout-Gefährdung weiter, bis das System zusammenbricht. Der Körper ruft laut und deutlich, was er braucht, aber er findet kein Gehör. Also schreit er lauter und lauter.

Dabei sind unsere Bedürfnisse gar nicht so kompliziert.

Wir sind Säugetiere! Wir haben ein Bedürfnis nach angemessener Nahrung, Bewegung an

der frischen Luft, Schlaf, Erholung, Liebe, Intimität.
Wenn der Körper müde ist, braucht er Schlaf. Ist das wirklich so schwer?
In unserer manischen Hochleistungsgesellschaft glauben wir permanent, dass so ziemlich alles außer Schlaf wichtiger sei: Arbeit, Medienkonsum, Sozialkontakte, Sport, Kulturveranstaltungen usw. Aber stimmt das wirklich?

Schlaf ist ein hochpotentes Allheilmittel.

Alle Naturvölker wissen das, alle traditionellen fernöstlichen Medizinschulen lehren es. Und wir wüssten es wahrscheinlich auch, wäre Schlaf nicht so schwer kapitalistisch auszubeuten! Niemand kann daran verdienen, dass wir schlafen, also hat auch niemand ein Interesse daran, uns statt des Konsums von irgendetwas einfach zu empfehlen: Geht schlafen!
Im Schlaf regeneriert sich das Immunsystem, sehr oft geht Heilungsschüben von Krankheiten eine längere Schlafperiode voraus, die als besonders erholsam erlebt wird. Auch Trauernde erleben, wie heilsam Schlaf für ihre seelische Genesung ist. Trauer ist für

Körper, Seele und Geist extrem herausfordernd. Diese Anstrengung kann ungleich besser bewältigt werden, wenn die Betroffenen viel schlafen. Gerade die REM-Schlaf-Phasen, in denen wir träumen, wirken sich besonders entlastend auf unseren Gefühlshaushalt aus. Seelisch sehr belastete Menschen erleben manchmal, dass eine Aussöhnung mit ihren Gefühlen buchstäblich im Schlaf stattfindet oder dass ihre Träume ihnen wichtige Botschaften senden, die den emotionalen Reifungsprozess beschleunigen. Besonders faszinierend ist, wie hilfreich das »Darüber schlafen« bei schwierigen Entscheidungsprozessen ist.

Bist du auch schon einmal morgens erwacht, und wusstest plötzlich die Antwort auf eine Frage, die dir noch am Vortag unlösbar schien? Möglicherweise kommt dieses Phänomen zustande, weil sich alle Bereiche des Gehirnes im Schlaf wieder optimal vernetzen, sodass wir danach zu »ganzheitlicheren« Lösungen finden können.

- Beobachte genau, wann dein Körper dir Müdigkeit signalisiert, und wie du mit diesen Signalen umgehst.
- Vor allem abends: Langweilst du dich vor dem Fernseher? Sitzt du dort nur, um anderen »Gesellschaft zu leisten«?
- Übernimm statt dessen Verantwortung für deine körperliche, seelische und mentale Gesundheit und geh schlafen!

Leider klingt die simple Aufforderung, doch einfach schlafen zu gehen, für viele Menschen wie blanker Hohn. Sie leiden an Schlafstörungen. Rechts findest du Ideen zur Unterstützung.

Wieder gut schlafen lernen
UNTERSTÜTZUNG BEI SCHLAFPROBLEMEN

Wieder gut schlafen zu lernen kann ein längerer Prozess sein, der es häufig erforderlich macht, dass wir uns mit unseren Versagensängsten auseinandersetzen und unserer Hemmung, Verantwortung loszulassen (siehe auch Kapitel »Erlaubnis zum Innehalten«).
Um nicht noch in der Nacht herumzugrübeln, hilft es oft, vor dem Einschlafen Tagebuch zu schreiben (siehe auch Kapitel »Gefühle: Wahrnehmen, annehmen, loslassen«).

Was auch schon vielen Menschen mit Schlafproblemen geholfen hat:

- Körperliche Bewegung an der frischen Luft für mindestens eine Stunde, am besten nicht direkt vor dem Einschlafen, sondern tagsüber.

- Verzicht auf Kaffee und andere koffeinhaltige Getränke ab 15:00 Uhr.

- Viel Wasser trinken tagsüber.

- Eine Stunde früher zu Bett gehen, als man einschlafen möchte.

- Sex/Masturbation direkt vor dem Einschlafen.

- Leg dir Zettel und Stift neben dem Bett bereit, falls dir später noch ein wichtiger Gedanke kommt. Du kannst ihn auch als »To-do-Liste« für den nächsten Tag benutzen. Hauptsache, störende Gedanken kommen raus aus dem Kopf und rauf auf den Zettel.

- Probiere aus, ob du besser alleine schläfst. Gerade für Hochsensible und Menschen mit generell leichtem Schlaf kann dies eine wahre Erlösung sein. Neue Studien belegen sogar angeblich, dass Frauen generell alleine besser schlafen. Darunter muss der Sex keineswegs leiden. Mir sind viele Paare bekannt, die seit vielen Jahren getrennt schlafen und dennoch ein reges Sexleben haben.

Überhaupt nicht empfehlenswert ist es, Alkohol zur Selbstmedikation von Schlafstörungen einzusetzen. Der gelegentliche »Absacker« mag ja ganz nett sein. Aber bei regelmäßigem Konsum ist eine Dosissteigerung, bis die erwünschte Wirkung einsetzt, unvermeidlich. Das führt geradewegs in die Sucht. Außerdem verschlechtert Alkohol nachweislich die Schlafqualität während der Nacht und du fühlst sich am nächsten Tag weniger erholt.
Auch nicht besonders empfehlenswert ist der Versuch, vor dem laufenden Fernseher einzuschlafen (siehe ebenfalls Kapitel »Innehalten«). Genieß stattdessen die wohltuende Stille. Kuschel dich im Bett zurecht und freu dich darüber, wie gemütlich das ist. Atme ruhig weiter und sag dir:

»Mein Körper nimmt sich den Schlaf, den er braucht. Und wenn er vorher noch Zeit braucht, die Erlebnisse des Tages zu verarbeiten, ist das auch ok. Ich vertraue meinem Körper und genieße jetzt mein ruhiges, geborgenes Mit-mir-alleine-Sein.«

Zurückfinden ZUR EIGENEN *Bewegungsfreude*

Ich kenne zwei Allheilmittel: Schlaf und Bewegung. Wenn ich körperlich angegriffen bin, sehr erschöpft oder in Trauer, dann schlafe ich. In allen anderen Fällen ziehe ich Jogginghose und Turnschuhe an und gehe in den Park. Fast jeden Tag.

Dort renne ich nicht etwa. Ich gehe einfach nur in einem angenehmen, zügigen Tempo. Neuerdings kann man das auch »Walking« nennen. Ungefähr eine Stunde und 15 Minuten dauert meine Runde. Danach fühle ich mich besser, immer, ausnahmslos. Egal wie bedrückt, ängstlich, nervös, angespannt, überfordert oder sonst was ich mich vorher gefühlt habe. Ich fühle mich hinterher besser. Während ich gehe, denke ich an gar nichts. Ich vermeide das Denken aber auch nicht, ich lasse die Gedanken einfach so kommen und gehen. Wenn ich merke, dass ein Gedanke mich zu sehr anstrengt, richte ich meine Aufmerksamkeit auf die Geräusche um mich. Das Knirschen meiner Schuhe auf dem Sandweg. Das Zwitschern der Vögel, das Rascheln der Blätter. Und ich gehe, gehe, gehe. Jedes Mal die gleiche Strecke. Ich denke nicht nach, ich gehe einfach weiter.

Oft lösen sich scheinbar unlösbare Probleme während des Gehens. Sie lösen sich einfach von selbst in meinem Kopf. Während ich an nichts denke. Ich weiß dann plötzlich, was zu tun ist. In seltenen Fällen werden auch große Gefühle spürbar. Es ist schon vorgekommen, dass ich mich zwischendurch unter einen Baum gesetzt und geweint habe, eine ganze Weile. Und auch das hilft mir. Es zeigt mir, was gefühlt werden muss, auch wenn es schwer ist. Nach dem Weinen stehe ich auf und gehe weiter.

Ich setze mich beim Gehen niemals unter Druck. Wenn ich mich müde fühle, gehe ich langsamer oder kürze die Runde ab. Meine Aufmerksamkeit gilt meinem Wohlgefühl. Ich genieße die Bewegung an der frischen Luft, spüre das Gehen ganz bewusst als angenehme Tätigkeit. Ich achte niemals auf die Zeit und plane deshalb immer mindestens eine viertel Stunde Puffer ein, falls ich langsamer gehen möchte.

Seit sieben Jahre praktiziere ich dieses simple Parkrunden-Ritual. Und so bin ich schon im wahrsten Sinne des Wortes durch so manche Krise »gegangen«. Ich erinnere mich an einen abendlichen Anruf, der mir eine katastrophale Nachricht bescherte. In dem Moment, als ich fast durchdrehte vor Schmerz, dachte ich plötzlich: Und morgen früh gehst du auf Parkrunde. Und sofort beruhigte ich mich innerlich. Es war wie ein Anker, der mich gedanklich verband mit dem heilsamen Gefühl des »Weitergehens« – und ebenso mit inneren Bildern der Natur, die mich auf diesen Geh-Runden umgibt. Riesige alte Bäume, weite Wiesen, kleine Wäldchen, glitzernde Wasserläufe.

Nicht für alle Menschen muss es das Gehen sein. Andere setzen sich auf ihr Fahrrad, klettern in ihr Kanu, gehen Schwimmen, zum Yoga oder Tanzen. Wieder andere lieben es, sich bei schnelleren Sportarten auszutoben. ***Was*** **du genau in Bewegung tust, ist gar nicht so wichtig. Wichtig ist, dass es dir Freude bereitet,** ***während*** **du es tust.** Dann nämlich kommen Gedanken und Gefühle zur Ruhe und du kannst eintauchen in dein Körpergefühl. Dann *bist* du einfach. Es gibt kein besseres Mittel gegen Stress. Dieses Wohlgefühl raubst du dir, wenn du anfängst, die Bewegung einem Leistungskodex zu unterwerfen. Dann wird der Körper plötzlich zum Feind, der gegängelt, kontrolliert und gequält werden muss, um angemessene Leistungen zu erbringen. Das ist das, was viele Menschen leider unter »Sport« verstehen. So haben sie es als Kinder im Schulsport kennen gelernt – und verständlicherweise hassen sie es. Viele Menschen, die als Erwachsene ihre natürliche Freude an der Bewegung nicht mehr spüren können, sind in ihrer Kindheit dem eigenen Körper durch leistungssportlichen Drill brutal entfremdet worden.
Auch mein eigener Weg zurück zur Bewegungsfreude war lang. Als Kind wurde ich für einige Zeit zum Besuch eines Turnvereins gezwungen, wo ich permanent Dinge tun sollte, vor denen ich Angst hatte. Ich hasste diese Torturen und verstand mich fortan als »unsportliches« Mädchen. Obwohl ich auf die höchsten Bäume kletterte, stundenlang auf Rollschuhen durch die Gegend sauste und mich mit den Jungs im Ringkampf übte, dachte ich meine ganze Kindheit und Jugend hindurch, ich sei schrecklich unsportlich. Weil mir die Quälerei in Turnverein und Schulsport so zuwider war. Ich erlebte alles, was dort passierte, als Demütigung, als Beweis meiner Unzulänglichkeit.
Erst als junge Frau entdeckte ich zufällig das Tanzen für mich. Und mir wurde klar: Ich kann mich sehr wohl bewegen – und es macht sogar ***Spaß***!

»Um anzufangen, fange an.«
William Wordsworth

Noch immer erfüllt es mich mit größtem Glück, wenn Menschen in meinen Workshops plötzlich nach und nach zu ihrer Bewegungsfreude zurückfinden. Wenn sie irgendwann lachend den Kopf schütteln und sagen: So hab ich mich noch nie bewegt! Unglaublich, dass ich das kann! Es ist gar nicht schwer! Ich muss es ja einfach bloß machen!

Bewegung wirkt auf vielen Ebenen

Neben der geistigen und seelischen Entspannung, zu der Bewegung führt, hat sie natürlich zahllose positive Effekte direkt auf unseren Körper. Der Stoffwechsel wird angeregt, die Atmung wird tiefer, die Haut durchblutet, die Muskulatur kräftigt sich, Bänder und Gelenke bleiben geschmeidig. Wir schmelzen beschwerendes Übergewicht ab und fühlen uns wohler in unserer Haut. So macht Bewegung auch schön, in jedem Alter. Eine Schönheit, die im wahrsten Sinne des Wortes von innen kommt. Ein Mensch, der sich in seinem Körper wohl fühlt, strahlt natürliche Gelassenheit aus. Nichts ist attraktiver!

Das Körpergewicht an sich ist übrigens für das Erleben von Bewegungsfreude völlig irrelevant. Ich hatte als Studentin eine hervorragende junge Tanzlehrerin mit stattlichen Rundungen. Eine atemberaubend vitale und schöne Frau! Auch in meinen Workshops erlebe ich häufig, wie gerade Frauen, deren Körper in keiner Weise Model-Maße aufweisen, die hingabefähigsten und kraftvollsten Tänzerinnen sein können. Sie sprühen nur so vor Bewegungsfreude – wenn sie es sich zugestehen, diese endlich wieder zu genießen.

Leider ist das Selbstbewusstsein vieler fülligerer Menschen schon so tief beschädigt, dass sie sich gar nicht mehr zutrauen, sich noch »öffentlich« in Bewegung zu zeigen. Was für ein Jammer. Jeder Mensch, der sich freudig bewegt, hat eine wunderschöne Ausstrahlung! Auf einem Tanzkongress erlebte ich neulich die Vorführung einer Rollstuhl-Tanzgruppe: was für ein Körpergefühl, was für eine Lebensfreude!

Innerlich beweglich bleiben

Über den Aspekt der unmittelbar erlebten Bewegungsfreude hinaus gibt es auch einen direkten Zusammenhang von der körperlichen zur geistigen, emotionalen und sozialen »Beweglichkeit« in unserem Leben. Die Bremer Gesundheitsforscherin Annelie Keil beschreibt es so:

»Die Suche nach einem sicheren Platz zum Sitzen ist die zentrale Bewegung im Leben vieler Menschen – und dort bleiben sie dann auch beharrlich auf der Stelle sitzen: in ihren Wohnungen, bei ihren Ärzten, auf ihren bewegungslosen Beziehungen, auf ihrem Eigenheim und Geld. (...) Haben Körper, Seele und Geist die entsprechende Starrheit erreicht, wird jede Bewegung schmerzvoll. Die Dinge werden in täglicher Routine erledigt – die Fähigkeit, den spontanen Bewegungen des Lebens zu folgen, erlahmt.«

Abschreckende Vorstellung, oder? Beweg dich doch lieber *jetzt* schon mal!

»I like to move it, move it«

- Welche bewegten Aktivitäten machen dir Spaß? Was hat dir als Kind/Jugendliche Spaß gemacht?

- Beginne nach und nach, Bewegung bewusster zu genießen und aktiver zu suchen. Deine Tochter möchte eine Runde Frisbee mit dir spielen? Warum nicht? Du hast Lust auf einen Abendspaziergang? Nur zu! Du könntest mal wieder mit dem Fahrrad fahren? Prima!

- Wenn du dazu neigst, Bewegung zur sportlichen Erfolgserbringung zu degradieren, versuch für eine Weile, auf jede Art der quantitativen »Leistungsmessung« zu verzichten, und konzentrier dich stattdessen darauf, wie sich die Bewegung im Hier und Jetzt in deinem Körper anfühlt. Ist das angenehm, was du da tust? Wenn nicht, versuche die Bewegungen so zu verändern, dass du sie wirklich genießen und dabei gedanklich abschalten kannst.

- Finde eine bewegte Aktivität, die dir besonders guttut, die du leicht in deinen Tages- bzw. Wochenrhythmus integrieren kannst. Das wird dir helfen, dich nicht jedes Mal von neuem »aufraffen« zu müssen. Dann wird dein Bewegungsritual schon bald zur lieben Gewohnheit, auf die du nicht mehr verzichten möchtest.

Um HILFE bitten

Für einige Menschen ist es die simpelste Sache der Welt: einen Mitmenschen um Hilfe bitten. Aber für manch anderen ist es eine der schwierigsten Herausforderungen überhaupt.

Gerade für Männer und Frauen, die aus sehr leistungsorientierten, perfektionistischen Elternhäusern kommen, kann es eine schier unüberwindliche Hürde sein, jemand anderem die eigene Bedürftigkeit offenzulegen. Selbst in Situationen äußerster Ohnmacht und Überforderung kämpfen viele Menschen noch mit dem Bemühen, alles alleine schaffen zu wollen. Dahinter stecken gar nicht unbedingt Eitelkeit oder der mangelnde Wille, eine Schwäche einzugestehen. Vielmehr verbirgt sich dahinter oft die Angst vor Zurückweisung. Perfektionistische Menschen haben große Bedenken, ihren Mitmenschen zu sehr zur Last zu fallen, wenn sie sie um etwas bitten, und befürchten, von diesen dann nicht mehr gemocht und respektiert zu werden. »Die Geschichte mit dem Hammer«, eine Parabel aus Paul Watzlawicks Klassiker *Anleitung zum Unglücklichsein*, erzählt auf humoristische Weise von einem Mann, der sich gerne vom Nachbarn einen Hammer ausleihen würde. Dann aber steigert er sich so sehr in seine Fantasien hinein, dass der Mann ihm den Gefallen verweigern könnte, dass er schließlich wutentbrannt zum Nachbarn rennt und diesen anschreit.

Die Geschichte mit dem Hammer

»Ein Mann will ein Bild aufhängen. Den Nagel hat er, nicht aber den Hammer. Der Nachbar hat einen. Also beschließt unser Mann, hinüberzugehen und ihn auszuborgen. Doch da kommt ihm ein Zweifel: Was, wenn der Nachbar mir den Hammer nicht leihen will? Gestern schon grüßte er mich nur so flüchtig. Vielleicht war er in Eile. Aber vielleicht war die Eile nur vorgeschützt, und er hat etwas gegen mich. Und was? Ich habe ihm nichts angetan; der bildet sich da etwas ein. Wenn jemand von mir ein Werkzeug borgen wollte, ich gäbe es ihm sofort. Und warum er nicht? Wie kann man einem Mitmenschen einen so einfachen Gefallen abschlagen? Leute wie dieser Kerl vergiften einem das Leben. Und dann bildet er sich noch ein, ich sei auf ihn angewiesen. Bloß weil er einen Hammer hat. Jetzt reicht's mir wirklich. – Und so stürmt er hinüber, läutet, der Nachbar öffnet, doch noch bevor er ›Guten Tag‹ sagen kann, schreit ihn unser Mann an: ›Behalten Sie sich Ihren Hammer, Sie Rüpel!‹«
Paul Watzlawick

In nicht wenigen Fällen beruhen solche quälenden Fantasien vom Zur-Last-Fallen und Abgewiesenwerden auf schmerzhaften Kindheitserfahrungen.

Markus, 44, wuchs mit einem depressiven Vater auf. Wenn es dem Vater schlecht ging, mussten Markus und sein kleiner Bruder wochenlang auf Zehenspitzen durch das Haus schleichen. Ihre Anwesenheit war eine Zumutung für den Vater, beim kleinsten Lärm ließ die Mutter die Jungen das durch strafendes Schweigen und Liebesentzug deutlich spüren.
Als erwachsener Mann achtet Markus peinlichst darauf, niemandem durch seine Bedürfnisse zur Last zu fallen. Er arbeitet Vollzeit, teilt sich mit seiner ebenfalls berufstätigen Frau Haushalt und Kinderbetreuung und erledigt sämtliche Reparaturen im Haus sowie die Pflege des großen Gartens selbst. Eigene Hobbys oder Freundschaften hat er nicht. Bis er eines Tages selbst in eine depressive Episode rutscht.
Da erst lernt Markus seine Grenzen erkennen und respektieren. **Er lernt, dass er nicht immer nur derjenige sein kann und will, der anderen hilft. Sondern dass er auch jemand sein kann und will, der Hilfe von anderen braucht – und diese auch erbitten und annehmen kann.** Er fängt an, wieder eigene Männerfreundschaften zu pflegen. Wenn es Markus jetzt mal nicht gut geht, ruft er seinen Freund an und fragt, ob

der sich in den nächsten Tagen mit ihm auf ein Bierchen treffen kann. Dann quatscht er sich aus und es geht ihm besser hinterher.
Auch dies ist nur möglich geworden, weil Markus sich zugestanden hat, neue Erfahrungen zu machen. Er hat nach und nach gemerkt, dass sich seine Mitmenschen keineswegs von ihm abwenden, wenn er sich ihnen hilfsbedürftig zeigt. Sondern dass sie sich freuen, wenn sie ihm auch einmal helfen können.

Jemanden, der dich noch nie wirklich gebraucht hat, wirst du schwerlich jemals als wirkliche Freundin, als wirklichen Freund empfinden. Genau da trennt sich nämlich die Spreu vom Weizen: Diejenigen Nachbarinnen und Nachbarn zum Beispiel, die immer hinter ihrer perfekten Fassade bleiben, bleiben Bekannte. Diejenigen, die eines Tages heulend vor unserer Tür stehen, weil ihr Kind die dritte Nacht hintereinander fiebert, ihre Waschmaschine ausgelaufen ist oder ihr Partner gerade überraschend auszieht, die werden unsere Freundinnen und Freunde.
Na ja, gut, manchmal reicht es auch, wenn sie sich eine fehlende Zwiebel für ihr Abendessen ausleihen möchten – und wir ins Gespräch kommen.

Freundschaften »ernähren« sich von dem Eingeständnis, sich gegenseitig zu brauchen.

Zeig anderen, wer du wirklich bist

»Wechselseitige Selbstoffenbarung« nennt die Sozialpsychologie diesen Prozess der Annäherung. Er spielt für die Entstehung und Vertiefung aller sozialen Beziehungen eine wichtige Rolle, egal ob Freundschaften, Arbeitsbeziehungen oder Liebesbeziehungen. **Nur wer sich auch in einem gewissen Maße »unperfekt« zeigen kann, also verletzlich und hilfsbedürftig, dessen Kontakte vertiefen und intensivieren sich.** Denn Selbstoffenbarung geschieht nur Zug um Zug und wechselseitig. Wenn du selbst deiner Kollegin Bettina von einem schrecklichen Streit mit deinen Schwiegereltern erzählst, Bettina dir aber weiterhin nur ihre immer schönen zuckersüßen Familienausflüge schildert, wirst du ihr nicht noch einmal etwas so Persönliches erzählen. Wenn sie dir aber auch gesteht, wie überfordert sie sich am Wochenende manchmal mit ihrer überdrehten Dreijährigen gefühlt hat, werden die Gespräche langsam aufrichtiger.
So funktioniert die wechselseitige Selbstoffenbarung.

»Es ist nicht das Gewicht, unter dem du zusammenbrichst, es ist die Art und Weise, in der du es trägst.«

Lena Horne

Manchmal führt sie zu guten Gesprächen, manchmal sogar zu konkreten Hilfsangeboten. Interessanterweise sind gerade die am hilfsbedürftigsten Menschen oft die, die am verzweifeltsten die Fassade der Perfektion und des ungetrübten Glückes aufrechterhalten. So zum Beispiel frisch gebackene Eltern. Das Baby schreit nachts stundenlang, sie sind völlig übermüdet, überfordert und ständig in Angst, etwas falsch zu machen oder bereits falsch gemacht zu haben. Sie fühlen sich alleine und auf einem fremden Stern ausgesetzt mit diesem kleinen Wesen, das nichts tut außer schlafen, trinken, kacken und schreien. Sie lieben es verzweifelt, verausgaben sich völlig und wissen nie, ob das, was sie da tun, auch im Entferntesten gut genug ist.
Man sollte meinen: Mehr Anlass, sich Hilfe zu holen, kann es gar nicht geben. Und passiert das? Nein. Junge Eltern igeln sich oft völlig ein und tun alles, um ihr Überfordertsein zu verbergen. Sie schämen sich zu Tode für ihre Abgespanntheit und bemühen sich krampfhaft, den strahlenden Glanz des Babyglückes nach außen aufrechtzuerhalten. Genau damit ruinieren sie in dieser Zeit oft ihre Freundschaften, wie Judith Luig in ihrem Buch *Und jetzt alle noch mal aufs Klo: Wie meine beste Freundin Mutter wurde* ebenso amüsant wie bedrückend schildert.
Dabei läge das Gegenteil so nahe, und auch das erzählt Luig in einem berührenden Beispiel: als die junge Mutter eines Tages plötzlich anruft, weinend vor Zahnschmerzen, und die Freundin um Hilfe bittet, damit sie zum Zahnarzt fahren kann. Die Freundin darf also endlich mal das Baby hüten und schließt das kleine Wesen glühend ins Herz. »Warum nicht gleich so?!«, denkt die Leserin.

- Wann hat dich zum letzten Mal jemand um Hilfe gebeten – und wer?

- Überlege dir, wie du dich »revanchieren« kannst, indem du diese Person auch einmal um Hilfe bittest – und diese Hilfe auch dankbar annimmst!

- Es stärkt deine sozialen Beziehungen, wenn du dich auch einmal hilfebedürftig zeigen kannst. So gibst du anderen Menschen die Gelegenheit, Gutes zu tun. Ebenso, wie du selbst dich freust, wenn du jemandem helfen kannst, freuen sich auch die anderen, wenn sie dir helfen können.

Selbstsicheres VERHALTEN ausprobieren

Es kann so erfrischend sein, sich mal zu wehren! Gelegenheiten gibt es im Alltag ja genug.

Einmal wollte ich im Baumarkt ein speziell zugeschnittenes Regalbrett samt Halterungen kaufen. Der Fachmann in der Holzabteilung stellte mir dazu Fragen in einem mir komplett unverständlichen Handwerker-Fachchinesisch, so dass ich schließlich völlig verwirrt und den Tränen nah war. Immer, wenn ich zurückfragte, wiederholte er augenrollend dasselbe. Da erinnerte ich mich plötzlich an mein Seminar »Selbstsicherheitstraining« im Psychologie-Studium. Ich holte tief Luft und sagte: »Entschuldigung, ich stelle Ihnen diese Fragen nicht, um Sie zu ärgern, sondern weil ich Sie wirklich nicht verstehe. Ich wäre Ihnen sehr dankbar, wenn Sie mich auch dementsprechend behandeln würden.« Und siehe da, plötzlich klappte die Kommunikation, ich bekam mein Brett zugeschnitten und ausgehändigt. Dazu hatte ich kein bisschen aggressiv oder gar beleidigend werden müssen.
Selbstsicheres Verhalten hat oft damit zu tun, zur eigenen Unwissenheit zu stehen – und sich gleichzeitig zu verbitten, deshalb herablassend behandelt zu werden.

Ein Freund von mir hatte einmal ein neues Bett in einem renommierten Möbelhaus bestellt und für Lieferung und Montage bereits bezahlt. Als die Spediteure eintrafen, stellten sie ihm ein Dutzend Pappschachteln in den Flur und wollten wieder gehen. Auf seine Frage nach dem Aufbau erwiderten sie in schönstem Berlinerisch: »Also dit können Se ja wohl grad noch selber machen!« Der Freund erwiderte geistesgegenwärtig: »Nee, dit kann ick nich! Und will ick och nich!« Vorbildlich selbstsicher! Flugs bauten die Spediteure das Bett zusammen – wie vereinbart und bezahlt.

Sag, was du willst

Gerade wir Frauen können uns mit ein wenig mehr Selbstsicherheit im Auftreten das Leben oft wesentlich leichter machen. So ist es zum Beispiel im beruflichen Kontext noch immer weit verbreitet, dass Männer Frauen beim Sprechen unterbrechen – während Frauen dies umgekehrt fast nie tun. Empirische Studien belegen es einwandfrei. Gegen solches missliches Mundtotgemacht-Werden kannst du dich sehr effektiv wehren, indem du es sofort höflich ansprichst: »Entschuldigung, würden Sie mich bitte ausreden lassen? Ich möchte diesen Gedanken gerne noch zu Ende führen.« Du kannst dir sicher sein, dass man dich künftig nicht mehr so leichtfertig unterbricht. Gut, vielleicht riskierst du, dass dich der ein oder andere Kollege jetzt »zickig« oder gar »unweiblich« findet. Aber ganz im Ernst: Ist es das nicht wert?!
Wenn du im Berufsleben mehr Spaß haben möchtest, wird dich selbstsicheres Verhalten perfekt dabei unterstützen. Denn nur so wirst

du dich trauen, dir genau jene Aufgaben an Land zu ziehen, die dich interessieren und herausfordern.

Laura, 34, Abteilungsleiterin, berichtet: »Drei Leute aus unserer Firma fliegen jedes Jahr nach London zu einer Fachtagung. Immer waren es drei Männer. Als zwei davon in Pension gingen, waren sofort zwei neue Männer am Start, die stattdessen fliegen wollten. Da sagte ich: Stopp. Ich möchte auch fliegen. Ich sagte ganz offen, dass mir wichtig schiene, dass ab jetzt auch eine Frau dabei ist, und ich außerdem möchte, dass meine Abteilung da repräsentiert ist. Tatsächlich wurde meine Teilnahme sofort genehmigt. Es war viel leichter, als ich dachte. Ich hatte mich nur vorher nie getraut, so selbstbewusst dieses ›Privileg‹ zu fordern.«

Laura ist hinterher überrascht, wie leicht es war, das zu bekommen, was sie wollte. Viele Menschen stellen irgendwann fest, dass sie selbstsicheres Auftreten sehr wohl in ihrem Verhaltensrepertoire haben: Sie trauen sich nur viel zu selten, es zu nutzen. Aus Angst vor dem Unangenehmauffallen geben sie sich nicht die innere Erlaubnis, für eine faire Behandlung einzutreten. Das ist sehr schade, weil sie es dadurch unnötig schwer haben, sich gegen Unrecht zur Wehr zu setzen.

Manchmal gehört es zum selbstsicheren Verhalten, andere um Hilfe zu bitten. Wir können nicht alles alleine regeln, manchmal brauchen wir eine Person, die mithilfe ihrer Autorität unsere Rechte durchsetzt.

So war eine der im universitären Selbstsicherheitstraining durchgespielten »Standardsituationen«, dass jemand im vollen Zug seinen reservierten Platz einnehmen möchte, der dort bereits sitzende junge Mann sich aber weigert aufzustehen. Lustigerweise erlebe ich diese Szene so ähnlich immer wieder, da ich beruflich viel Zug fahre. Kürzlich in der Variante, dass ein muskulöser, stark tätowierter Deutscher den Platz nicht für einen schmächtigen Asiaten freigeben wollte, der kein Deutsch sprach, aber eine gültige Platzreservierung hatte. Ich blieb einfach so lange neben dem schmalen Herrn stehen und ermutigte ihn, bis der Schaffner die Situation gelöst und den renitenten Muskelprotz des Platzes verwiesen hatte. Wie freute ich mich, dass hier einmal nicht das »Recht des Stärkeren« siegte, sondern ich einem (vermeintlich) Schwächeren helfen konnte! Dafür brauchte es nicht viel. Nur das Bewusstsein, dass man sich nicht alles gefallen lassen muss. Auch nicht von scheinbar Stärkeren.

»Die meisten Menschen geben ihre Macht auf, indem sie denken, sie hätten keine.«

Alice Walker

»Was wäre das
LEBEN,
hätten wir nicht
den Mut,
etwas zu RISKIEREN?«
Vincent van Gogh

Hilfreiche GESPRÄCHE *führen*

Zu Beginn meines Psychologiestudiums war ich fest überzeugt: Reden hilft immer. Es befreit, es entlastet, es baut Stress ab. »Schön, dass wir mal drüber geredet haben.« Inzwischen ist mir klar geworden: Überhaupt nicht jedes »Darüber reden« wirkt hilfreich.

Es gibt sogar viele Gespräche über belastende Themen, die bei allen Beteiligten den Stresspegel noch steigern. Sie sind hinterher physisch messbar noch angespannter, ihr Atem geht flacher, sie fühlen sich erschöpfter und gereizter als vor dem Gespräch.

Es ist die *Qualität* unseres Redens, die darüber entscheidet, wie das Gespräch wirkt, nicht die *Quantität*. Wichtig ist es, stets im Blick zu behalten, wie *du selbst* dein Redeverhalten so gestalten kannst, dass du Nähe, authentischen Erfahrungsaustausch und gegenseitige Unterstützung begünstigst. Dabei haben sich folgende Faktoren als entscheidend erwiesen:

hilfreich (entlastend):

PERSÖNLICH
»Ich habe ein Problem mit …«

KONKRET
»Gestern hat ein Kunde mich angeschrien, ich solle …«

KONSTRUKTIVE SUCH-HALTUNG
»Was kann ich ändern?«

nicht hilfreich (belastend):

VERALLGEMEINERND
»Man kann ja hier so schwer …«

GENERELL
»Heutzutage sind ja alle Kunden so …«

RESIGNATIVE JAMMER-HALTUNG
»Ach, unter diesen Bedingungen geht doch sowieso nichts …«

Ein Gespräch kann dann entlastend sein und Stresssymptome abbauen, wenn du:

PERSÖNLICH, von dir selbst, von deinen eigenen Problemen sprichst. Statt: »Man muss ja ...« kannst du benennen: »Ich persönlich habe ein Problem mit ...«
KONKRET benennst, was dir wann zu schaffen macht. Statt: »Immer sind die Kunden alle so ...« kannst du eine konkrete Situation schildern: »Heute hat ein Kunde zu mir ...«
KONSTRUKTIV im Gespräch nach möglichen Lösungen Ausschau hältst. Statt: »Na ja, kein Wunder, bei den Bedingungen ist ja eh nichts zu machen« zu jammern, kannst du dich gemeinsam mit deinem Gegenüber fragen: »Wie gehst du damit um? Was kann ich tun, was kann ich lernen, was kann ich verändern?«

Worum geht es mir eigentlich?

Wie die buddhistische Meditationslehrerin Sylvia Wetzel in ihrem Buch *Worte wirken Wunder* betont, ist die Intention unseres Sprechens entscheidend für die Wirkung des Gesprächs. Möchte ich wirklich Hilfe erfahren durch authentischen Austausch? Oder möchte ich mich nur oberflächlich »auskotzen« und benutze den anderen als Gefäß dafür? Oder möchte ich im Grunde nur prahlen und beispielsweise den anderen Kolleginnen beweisen, was für einen harten Job ich mache, dass ich mit solch schwierigen Situationen konfrontiert werde?
Achtsamkeit zu üben in Bezug auf die eigenen Absichten ist die Grundvoraussetzung für gelungene Gespräche. Wir sollten unsere Absichten immer wieder überprüfen, vor allem dann, wenn wir den Eindruck haben, dass wir zu wenig Hilfe und Unterstützung von anderen erfahren. Es könnte dann nämlich u.a. an unserem eigenen Gesprächsverhalten liegen!

Zum Ausprobieren

- Überleg dir ein aktuelles Problem, zu dem du gerne den Rat einer Kollegin oder eines Freundes einholen würdest, und bitte die betreffende Person um ein Gespräch. Achte während des Gespräches darauf, ob du selbst möglichst persönlich, konkret und konstruktiv über dein Anliegen sprichst.
- Wenn du dich dabei ertappst, in Allgemeinplätze abzurutschen oder resigniert zu jammern, kehr liebevoll zum hilfreichen Gesprächsverhalten zurück.
- Registriere, wie deine Art zu sprechen dein Gegenüber beeinflusst in seiner Art zu antworten.

Nur wenn ich selbst mich traue, aufrichtig und persönlich zu sprechen, kann ich erwarten, eine ehrliche, persönliche und hilfreiche Antwort zu bekommen.

SCHLUSS mit dem *Vergleichen*

»Willst du dir den Tag verderben, vergleiche dich mit anderen!«

Dieser Spruch hing jahrelang an meinem Badezimmerspiegel.

Ein Kennzeichen der westlichen Industriegesellschaften ist es, dass wir uns in ständiger Konkurrenz erleben. Da der zeitgenössische »Ressourcenfetischismus«, wie der Soziologe Hartmut Rosa es nennt, uns lehrt, dass derjenige am besten dran ist, der die größten Ressourcen an Bildung, Geld, Familie, Gesundheit und Attraktivität hat, schauen wir beständig ängstlich nach links und rechts, ob das, was wir haben, denn auch genug ist, ob wir auf dem Arbeits- und Partnerschaftsmarkt denn wettbewerbsfähig geblieben sind, oder ob andere aus der Vergleichsgruppe uns längst überholt und hoffnungslos abgehängt haben. Und siehe da, es gibt wohl niemanden, der keinen Bereich entdeckt, in dem er nicht besorgniserregend »abfällt«. Clara hat promoviert und einen spannenden Job, aber keine Kinder. Ute hat drei süße Kinder, aber seit acht Jahren nicht gearbeitet. Karin leitet mit ihrem Mann und Sohn erfolgreich ein Familienunternehmen, fühlt sich aber zu dick. Christa ist freischaffende Tänzerin, hat aber viel weniger Geld als ihre Freundinnen.

Dabei vergessen wir nur zu häufig, dass die

»Ressourcen« nur die Möglichkeiten zu einem gelingenden Leben bieten können, jedoch nicht etwa das gelingende Leben selbst sind, wie Hartmut Rosa ebenfalls erläutert. Unsere Ressourcen sagen faktisch gar nichts darüber aus, wie glücklich wir *tatsächlich* sind.
Egal, wie tapfer wir unser Leben leben und das Beste daraus machen: Sobald wir anfangen, uns mit anderen zu vergleichen, werden wir uns wie Versagerinnen oder Versager fühlen.

Unzufriedenheit schafft Umsatz

Aus diesen Versagensgefühlen wird eine Menge Kapital geschlagen: von all jenen, die uns eine Steigerung der »Ressourcenlage« verkaufen wollen. So wird vor allem uns Frauen suggeriert, wir müssten uns permanent um unsere Attraktivität sorgen. Wir »sollten« ins Fitnessstudio gehen, Wagenladungen voller Anti-Falten-Kosmetik und Markenkleidung erwerben und notfalls Unsummen für operative »Korrekturen« ausgeben, um unsere Attraktivität zu steigern bzw. wenigstens zu konservieren und damit unseren Marktwert. Der medial inszenierte Schönheitsterror wird immer perfider. Bilder des weiblichen Körpers werden seit Photoshop und anderen raffinierten digitalen Bildbearbeitungsprogrammen immer flächendeckender so zurechtgestutzt, dass uns der reale Körper, den wir im Spiegel sehen, monströs und verformt erscheinen muss. Wenn wir einen beliebigen (Online-) Katalog zum Wäschekauf öffnen, fällt ins Auge, dass der einen Hälfte der Frauen Minimizer-BHs angeboten werden, die die Brust »optisch bis zu zwei Größen kleiner erscheinen lassen«, während der anderen Hälfte Push-up-BHs angepriesen werden, die die Brust »um bis zu zwei Cups vergrößern«. Niemals jedoch habe ich Werbung für Wäsche gesehen, die einen Körper *genau so, wie er ist* zur Geltung bringen soll.

Warum eigentlich sind wir so auf unsere Mängel fixiert?

Warum denken wir alle permanent, wir müssten ganz anders aussehen, als wir es tun? Rebecca Niazi-Shahabi rät in ihrem Bestseller mit dem trotzigen Titel *Ich bleib so scheiße, wie ich bin:* »Lockerlassen und mehr vom Leben haben«. Sie plädiert mit beißendem Sarkasmus dafür, keinen fremdbestimmten Idealen mehr nachzulaufen und jeglicher Selbstoptimierung zu entsagen. Allerdings greift der resignative Grundton dieses Anti-Ratgebers auch ein wenig kurz, wie ich finde. Niazi-Shahabi hält auch Veränderungen, die wir uns wirklich selbst wünschen, für unwahrscheinlich. Dabei berücksichtigt sie m.E. nicht den tiefsitzenden menschlichen Wunsch nach Wachstum und Weiterentwicklung. **Manche Veränderungen ersehnen wir, weil sie uns wirklich guttun. Nicht jede »Selbstoptimierung« ist ungesund**

und fremdbestimmt. Wenn es dir gelingt, mehr das zu werden, was du tatsächlich bist, kann dich das sehr wohl zu einem glücklicheren Leben führen. Die Tiefenpsychologie nennt diesen Prozess Individuation und betrachtet ihn als unsere eigentliche Lebensaufgabe.
»Individuation ist der innere und äußere Selbstwerdungsprozess der Seele, der zielgerichtet ist und uns zu dem Menschen machen will, als der wir gemeint sind und als den wir uns im tiefsten Innern selbst meinen«, schreibt der Tiefenpsychologe Ralf Vogel. Vogel übersetzt »Individuation« als »Selbstverwirklichung« und fügt hinzu: »Sie ist gleichermaßen Frucht eigener Bemühung wie Annahme eines inneren Fließens.«

Kann es denn überhaupt irgendeinen Nutzen bringen, sich mit anderen zu vergleichen? Ja! Einmal unterhielt ich mich beim Kaffee mit Kollegin Silvia über Konkurrenz unter Frauen. Ich fragte sie: »Bist du denn nie neidisch auf andere?«
Sie antwortete ganz aufrichtig: »Nein, ich glaube nicht.«
»Wie kriegst du das denn hin?«, fragte ich verblüfft.
Silvia überlegte einen Augenblick und sagte dann: »Wenn ich eine Frau sehe, die ich toll finde, dann frage ich mich: Wie macht sie das? Und dann denke ich darüber nach, wie ich das selbst machen könnte.«
Dieser konstruktive Umgang mit Neidgefühlen beeindruckte mich. Natürlich, wir können lernen von anderen Frauen. Dabei begegnen wir ihnen mit einer Haltung von Anerkennung und Wertschätzung. Ganz anders, als wenn wir neidisch sind. Dann meiden wir die andere emotional, weil wir das, was wir an ihr bewundern, in unserem verengten Herzen gar nicht aushalten können. Das ist eine Form der Abwertung, die die andere Frau durchaus spürt. Nur wenn wir aufhören, permanent in den Konkurrenz-Kategorien »besser« und »schlechter« zu denken, können wir uns aufrichtig an dem freuen, was wir an anderen Menschen bewundern.
Der Buddhismus legt uns bei Neidgefühlen das Mantra nahe: »Möge es mir und allen anderen Wesen gut gehen. Mögen ich und alle anderen Wesen frei von Leid sein.« Solche Gedanken tun uns gut. Sie besänftigen das Gemüt und öffnen die Wahrnehmung dafür, dass unsere Mitmenschen mit genauso vielen Schwierigkeiten zu kämpfen haben wie wir selbst – und dass wir von jedem etwas Wertvolles lernen können.

- Wenn du das nächste Mal eine Frau siehst, die eine tolle Ausstrahlung hat, frage dich: Wie macht sie das? Was davon könnte ich auch selbst ausprobieren?

- Übe dich darin, echte »Mitfreude« mit anderen zu empfinden, statt dein Herz durch Missgunst und Neid zu verschließen.

- Wenn du merkst, du bist neidisch, frage dich ernsthaft, ob du mit dieser Person würdest tauschen wollen – mit allem, was dazugehört.

- Überprüfe einmal kritisch, welche Bilder von Frauen du dir freiwillig einverleibst und ob dir diese Bilder wirklich guttun. Welche Zeitschriften siehst du dir regelmäßig an? Welche Art von Menschen wird dort gezeigt, wessen Schönheitsideal entsprechen sie? Es gibt auch Zeitschriften, die in ihren (sehr ästhetischen) Fotostrecken nur noch Frauen über 40 abbilden oder sogar nur Frauen über 60. Wie gefällt dir das? Könnten das bessere Vorbilder sein als magersüchtige Celebritys?

»Das Vergleichen ist das
Ende des Glücks und der Anfang
der UNZUFRIEDENHEIT.«
Søren Kierkegaard

Veränderungen

GESCHEHEN

lassen

Es kann eine große Befreiung sein, anstehende Veränderungen endlich geschehen zu lassen. Denn sei dir bewusst: Verdrängen und etwas nicht anzugehen, was eigentlich dran wäre, kostet auch Energie. Langfristig kann der Preis für das »Aussitzen« ziemlich hoch sein. Oft zahlen wir ihn in Form von psychosomatischen Erkrankungen.

In einem fünftägigen Supervisionsworkshop für Seelsorgerinnen und Seelsorger, den ich leitete, traf ich einst auf Tino. Der skandinavische Pfarrer um die 50 war ein Hüne von Mann – und extrem still und zurückhaltend. In der Vorstellungsrunde sollten alle Teilnehmenden sich ein Postkartenmotiv wählen. Tino wählte eine Karte mit einem galoppierenden weißen Hengst. Am dritten Tag bat ich die Teilnehmenden in einer Übung, ihr Postkartenmotiv jeweils zu dritt zu inszenieren und dabei selbst die Rolle einzunehmen, mit der sie sich am meisten identifizieren. Interessanterweise wählte Tino für sich selbst nicht die Rolle des Hengstes, sondern ließ seine Mitspieler den Hengst darstellen, während er selbst einen Mann spielte, der sich dem Tier achtsam nähert und schließlich respektvoll eine Hand auf seine Schulter legt.

Nach dem Ende des Workshops tat ich etwas, was ich noch nie getan habe: Ich bat Tino, die Karte von mir als Geschenk anzunehmen.

Ein Jahr später schrieb Tino mir: Er habe ein turbulentes Jahr hinter sich. Er habe sich scheiden lassen. Und er habe sich in eine andere Frau verliebt, mit der er im kommenden Monat zusammenziehen werde. Es sei ein harter Weg gewesen für ihn, und nun sei er sehr, sehr glücklich über die Veränderungen in seinem Leben.

Tino ist kein Mann vieler Worte, ich habe ihn im Workshop selten direkt über Gefühle sprechen hören. Dennoch hat er mit einer enormen inneren Stringenz und großem Mut an seinem Thema gearbeitet: seiner Sehnsucht nach Lebendigkeit.

Veränderungen haben ihre ganz eigene Zeit und Notwendigkeit. Wir müssen sie weder forcieren noch tun wir gut daran, sie zu lange zu blockieren. Wir müssen sie nur geschehen lassen. Und das ist oft alles andere als »ein-

fach«. Denn jede anstehende Veränderung ruft unsere Ängste auf den Plan: Was erwartet mich danach? Bin ich dafür stark genug? Wäre das wirklich besser als der Status Quo? Warum kann nicht lieber alles bleiben, wie es ist?
Wenn man Menschen, die eine Scheidung erlebt haben, dazu befragt, hört man häufig: Ja, die Zeit meiner Trennung war sehr schwer. Aber viel schrecklicher war eigentlich die Zeit davor, als ich schon spürte, dass diese Beziehung nicht mehr trägt, es mir aber nicht eingestehen wollte.

> »Schlimmer als Verzweiflung ist nur eines: halbherzige Hoffnung.«
>
> *Zen-Sprichwort*

Wenn du den Mut findest, notwendige Veränderungen geschehen zu lassen, bist du wieder auf dem Weg, du gliederst dich ein in den Fluss des Lebens.
Wir zahlen einen hohen Preis, wenn wir diesen Mut nicht aufbringen:
»Das Leben ist umstellt von Plänen, die seine Lebbarkeit garantieren sollen. Manche Menschen halten sich lieber an diese als an die Möglichkeiten ihres Lebens. … Wie ein eiserner Ring legt sich der Wunsch nach Sicherheit und Eindeutigkeit um die lebendigen Impulse, die ihrerseits immer wieder vom Aufbruch und Ausbruch träumen und über körperliche, seelische und soziale Symptome um Hilfe rufen, um darauf aufmerksam zu machen, dass die Sehnsucht nach Leben und der Mut zur notwendigen Veränderung zu ersticken drohen«, schreibt die Bremer Professorin für Gesundheitsforschung Annelie Keil 1999 in ihrem Buch *Wird Zeit, daß wir leben: Wenn Körper und Seele streiken.*

Abschied von alten Träumen

Ein »sich auf den Weg machen« bedeutet immer auch, Abschied zu nehmen. Abschied von alten Träumen. Eine Frau, deren Trennung noch sehr frisch war, sagte einmal in einer Gruppe: »Ich spüre jetzt, es ist kein gebrochenes Herz, was ich da habe, es ist ein zerbrochener Traum.«
Menschen aber, die den Mut und die Kraft finden, Abschied zu nehmen, eröffnen sich damit manchmal die erstaunlichsten neuen Perspektiven.

Meine Freundin und Kollegin Katharina, eine umtriebige und innovative Religionspädagogin und Autorin, war bereits in den hohen Siebzigern, als ihr Mann nach langer Krankheit verstarb. 50 Jahre lang hatte Katharina den Pfarrhaushalt geführt und dort fünf Kinder groß gezogen. Und nun? Katharina starb ihrem Mann nicht hinterher und wurde auch nicht depressiv. Sie trauerte, intensiv und kraftvoll. Dann verkaufte sie das Haus – und zog nach Berlin, wo inzwischen der Großteil ihrer Kinder, Enkel und Urenkel lebt. Dort bewohnt sie nun eine lichte Altbauwohnung, in der sich Familienmitglieder, Freunde und Kollegen die Klinke in die Hand geben, und arbeitet weiterhin in diversen Fachzeitschriften-Redaktionen mit – mit inzwischen 84 Jahren.
Einzigartig, wie diese Frau einfach nie damit aufgehört hat, Veränderungen zuzulassen. Und es so geschafft hat, sich selbst nach einem so einschneidenden Verlust wie dem Tod des Partners nach über fünf Jahrzehnten noch einmal weiterzuentwickeln und an einem neuen Ort anzusiedeln. Soweit ich weiß, hat sie diese mutige Entscheidung später keinen Tag bereut.

MAN WIRD NIE
neues Land ENTDECKEN,
wenn man immer das
UFER im Auge behält.

Die eigene TRAUER *zulassen*

Veränderungen erlauben und Abschied nehmen kann nur gelingen, wenn wir Trauer zulassen.

Viele Menschen fürchten sich sehr vor dem Trauern. Manche haben auch gar keine Erfahrung damit machen können, weil Trauer in ihren Herkunftsfamilien tabuisiert wurde, ihre Eltern selbst nicht weinen konnten oder es sich zumindest vor den Kindern nicht zugestanden. Besonders schlimm ist es, wenn Eltern das Traurigsein ihrer Kinder ebenfalls nicht aushalten können und versuchen, es ihnen auszureden (*Das ist doch gar nicht so schlimm*), versuchen »abzulenken« (*Iss doch lieber ein paar Gummibärchen*) oder ihre Kinder gar dafür verhöhnen und demütigen, dass sie weinen. Der Schaden solcher Erziehungsfehler ist immens. Hier lernen kleine Menschen, dass sie ihren Gefühlen nicht trauen dürfen, dass diese »schlecht« sind und unterdrückt werden müssen. Sie entwickeln keine gesunde Beziehung zu diesem elementaren Gefühl, ja, sie verlernen häufig, es überhaupt wahrzunehmen als wichtige Stimme ihres Herzens.

Das ist sehr schade, denn **das Trauern hat eine ungeheuer reinigende Kraft. Es ermöglicht eine Katharsis, ein Sich-Abregnen, ein Loslassen des Schmerzes, eine Integration und schließlich ein Wachstum der Persönlichkeit.**

Trauer bereichert letztlich unser Leben.
Ebenso wie in der Musik
ist es der Wechsel zwischen Dur-und Moll-Akkorden,
der uns am stärksten berührt.

Wer schon einmal intensiv getrauert hat, macht die Erfahrung: Ich bin da durchgegangen und habe es überstanden. Ich bin stark genug. Ich konnte diesem Verlust ins Angesicht sehen, ohne zu sterben.

»Jeder Abschied ist ein kleiner Tod«, sagt ein Sprichwort, das unser Empfinden sehr genau ausdrückt.

Die Erfahrung, Trauer aushalten zu können, ist eine unschätzbar wichtige Ressource. Denn nur dann können wir künftigen Veränderungen mit einer gewissen Gelassenheit entgegensehen. **Wer aber glaubt, Trauer um jeden Preis vermeiden zu müssen, der muss auch jeden Abschied und somit jede Veränderung meiden.** Das kann auf Dauer nicht gesund sein. In jedem Leben treten Phasen der Neuorientierung auf, sie dienen der gesunden »Selbstaktualisierung«, wie Carl Rogers, der amerikanische Psychologe und Mitbegründer der Humanistischen Psychologie, es nennt.

Gefühle vertiefen sich meistens in beide Richtungen: Wer intensiv trauern kann, kann auch intensive Freude erleben.

Vom »Recht auf Unglücklichsein«

Wenige Jahre, nachdem ich zum Studium von zu Hause ausgezogen war, spielte sich in der Nachbarschaft meiner Eltern eine Tragödie ab: Ein Familienvater erschoss sich im Keller seines Hauses mit einer Schrotflinte. Viele Jahre später kamen mir noch zwei ganz ähnliche Geschichten zu Ohren. Alle diese Männer waren unauffällige Ehemänner und Familienväter mit gesichertem Einkommen gewesen. Natürlich kann man rückblickend sagen: Sie waren krank, sie hatten schwere Depressionen, sie wussten nicht, was sie tun. Und gleichzeitig ist eine andere Sichtweise möglich: Diese Männer hatten nie gelernt, vor sich und anderen zuzugeben, dass sie unglücklich waren. Dass es Zeit geworden war, von einigen alten Lebenszielen Abschied zu nehmen und sich zu verändern. Sie hatten stets viel Verantwortung für andere getragen, waren Alleinverdiener ihrer Familien. Aber sie hatten nie gelernt, Verantwortung für ihr eigenes Seelenheil zu übernehmen. Es war ihnen dermaßen unmöglich, sich ihre Gefühle und die möglichen Veränderungsschritte zu vergegenwärtigen, dass sie lieber in den Tod gingen. Deshalb möchte ich an dieser Stelle eine Lanze für ein »Recht auf Unglücklichsein« brechen.

Nur wer auch unglücklich
sein darf,
kann sein Leben
in einer gesunden
Balance halten.

Nur wer Trauer spüren kann, kann rechtzeitig und verantwortungsvoll Abschied nehmen von Lebensplänen und/oder Beziehungen, die nicht mehr tragfähig sind – und zwar indem er sein Leben umgestaltet und nicht, indem er es beenden muss.

Das bedeutet keinesfalls, dass du alle paar Jahre deinen Job kündigen, die Scheidung einreichen und auf einen anderen Kontinent auswandern musst, um weiterhin glücklich zu sein. Wer das glaubt, blockiert sich eher, indem er stattdessen überhaupt keine Veränderungen zulässt aus Angst, dass die ja dann sowieso »nicht reichen«. Wie gesagt musst du überhaupt keine Veränderungen herbeireden oder zwanghaft forcieren. Du musst nur wach bleiben für die natürlichen Entwicklungen in deinem Leben und in deiner Persönlichkeit. **Du musst hellhörig bleiben für die Stimme deiner Sehnsucht, deine Träume.** Wenn du die Veränderungen im Innen und im Außen wachen Herzens verfolgst, kommst du automatisch an Stellen, wo Abschied und Trauer notwendig werden. Wir müssen oft Abschied nehmen im Leben, und nicht immer freiwillig. Von einer Arbeitsstelle, dem Student/innenleben, einem Herzensfreund, der wegzieht, den erwachsenen Kindern, die eigene Wege gehen. Es ist gut und gesund, der Trauer, die diese Abschiede in uns auslösen, Raum zu geben. Durchwate die Trauer, immer im Vertrauen: Es gibt ein anderes Ufer. Und am anderen Ufer wartet etwas Neues auf dich.

Kein Lebensweg führt durch Landschaften ohne Seen und Flüsse der Trauer. Nimm dir Zeit, an ihren Ufern zu rasten.

Deine ÄNGSTE *ansehen*

Ängste sind ungemütliche, aber wunderbare Wegweiser. In der Gestalttherapie sagt man: »Wo die Angst sitzt, da geht's lang.«

Stefan Schmidtchen, Professor für Kinderpsychotherapie, pflegte in seinen Seminaren den Umgang mit Ängsten oft als den Umgang mit unseren »inneren Häschen« zu bezeichnen. Diese Metapher gefiel mir sehr gut. Denn nur zu oft versuchen wir unsere Ängste ja wegzusperren, möglichst weit weg ins Dunkle, wo wir sie nicht hören und nicht sehen müssen. Aber geht man so mit verletzlichen Häschen um? Was brauchen die ängstlichen Häschen wirklich? Sie wollen im Arm gehalten und gestreichelt werden.

Manche Menschen lernen dies bereits in der Kindheit von ihren Eltern, andere erst später in einer liebevollen Partnerschaft. Wieder andere lernen es in einer Therapie. **Auch hier geht es letztlich darum, sich selbst ein guter Vater bzw. eine gute Mutter sein zu können. Gute Eltern nehmen ihr Kind in den Arm, wenn es Angst hat.** Sie bleiben physisch in der Nähe, strahlen aber Sicherheit aus und sind nicht selbst wie gelähmt. Sie nehmen die Angst ernst und halten sie aus, ohne sie selbst zu übernehmen.

Ich habe Angst, aber ich bin nicht meine Angst

Es ist wichtig, dass wir unsere Ängste ansehen und annehmen können, ohne uns komplett mit ihnen zu *identifizieren*.

In dem Moment, wo wir unsere Angst *sind*, sind wir handlungsunfähig. Und wenn wir unsere Ängste verleugnen oder permanent ins Außen projizieren, sind wir *entwicklungsunfähig*.

Es geht darum, den richtigen Abstand zu finden, aus dem heraus wir unsere Ängste ansehen. Sind wir zu nah dran, ist unsere ganze Bildfläche von Angst ausgefüllt, wir sehen sie nicht einmal richtig scharf, und vom Kontext sehen wir gar nichts. Gehen wir aber zu weit weg, können wir gar keine Details mehr erkennen und lassen die Ängste so sehr alleine, dass sie noch unruhiger werden.

Meine Klientin Ulrike war Mitte 30 und sehnte sich nach beruflicher Veränderung. Trotzdem arbeitete sie seit Jahren weiter in ihrem technischen Studienberuf und fand keinen Ausweg. Eigentlich träumte Ulrike seit langem von einer beruflichen Laufbahn in der Schifffahrt, hatte aber große Zweifel, ob sie für einen solchen Wechsel nicht bereits zu alt sei. Während der Zeit ihrer Therapie bei mir flatterte ihr plötzlich das Angebot ins Haus, als Crewmitglied eine Segelyacht aus der Karibik nach Südfrankreich zu überführen. Einen Monat auf dem Schiff. An diesem Punkt wurden Ulrikes diffuse Ängste vor beruflichen Veränderungen plötzlich greifbar. Sie wurden konkret. Würde sie sich ins Team einfügen können? War sie »gut genug«? Und in der Folge die Überlegung: Was, wenn eine berufliche Umorientierung scheitern würde? Was würden dann die anderen von ihr denken? Ihre Eltern? War es nicht eigentlich ihre »Pflicht«, Karriere zu machen in ihrem studierten Beruf?

So fand Ulrike zu einer spannenden Auseinandersetzung mit ihrem Selbstbild.

Was willst du mir zeigen?

Unsere Ängste führen uns direkt ins Zentrum unserer »Lebensthemen«. Wenn wir den Mut finden, sie als »zu uns gehörig« anzunehmen, und in einen achtsamen Dialog mit ihnen treten, werden sie zu hilfreichen Zeichen am Weg. Dysfunktional und destruktiv werden Ängste immer dann, wenn wir sie ins Außen projizieren, statt sie als zu uns gehörig anzunehmen. Dann schlagen Ängste schnell in Wut um. Die Menschen, die derzeit als »besorgte Bürger« durch die Straßen unserer Städte ziehen und kundtun, dass die »gefährlichen« Flüchtlinge aus islamischen Ländern »unser Land kaputt machen«, tun genau das. Sie glauben, der Grund für ihre Ängste liege im Außen. Wenn sie stattdessen den Mut fänden, sich einmal konkret mit den vermeintlich »bösen« Menschen, die in unser Land geflüchtet sind, zu unterhalten, würden sie ganz von selbst merken, dass ihre Ängste in Unwissenheit begründet sind

und der Realität gar nicht standhalten. Stattdessen steigern sich die »besorgten Bürger« in eine diffuse Wut hinein, die auf absurde Weise die Opfer von Terror und Gewalt, die in unser Land geflüchtet sind, noch zu »Tätern« verdreht. Genau das gleiche ist Anfang des 20. Jahrhunderts in unserem Land schon einmal geschehen. Menschen jüdischen Glaubens wurden zu Tätern stilisiert, zu Räubern, zu Schuldigen, zu Habgierigen, die »uns« etwas wegnehmen. So können Ängste von »inneren Häschen« zu menschenfressenden Monstern werden, die politisch ausbeutbar und manipulierbar sind. Es ist sehr wichtig, dass wir uns immer unserer Verantwortung als Einzelne bewusst bleiben. Wenn du den Flüchtlingsjungen im Kindergarten deines Sohnes zu dir nach Hause einladen kannst, um deinem Kind die Angst vor dem Fremden zu nehmen, hast du einen Beitrag geleistet – und der ist größer, als er zunächst scheinen mag. **Lass dich nicht von Ängsten regieren! Tritt ihnen mutig und freundlich entgegen!**
Interessanterweise fällt es vielen Menschen leichter, ihre Ängste zu überwinden, wenn sie in eine Situation kommen, wo ihnen klar wird, dass sie Schwächere schützen müssen.

Laura, 28, hatte ihr Leben lang eine starke Spinnenphobie, wie schon ihre Mutter. Sobald sie eine etwas größere Spinne im Haus erblickte, war Laura völlig gelähmt vor Angst und konnte nichts tun, als panisch um Hilfe zu rufen.
Bis zu dem Tag, an dem Laura ihr Baby in den Hausflur schob und sah, wie sich am Kinderwagen an einem zarten Faden eine riesige Spinne aufwärts Richtung Baby zog. In Sekundenbruchteilen erfasste sie, dass sie alleine war und ihr jetzt niemand so schnell helfen konnte.

Erlaube dir, neue Erfahrungen zu machen

Wenn du das nächste Mal Angst verspürst, halte einen Moment inne und frag dich: Wovor genau habe ich jetzt Angst? Habe ich bereits Erfahrungen gemacht, die diese Angst nähren? Welche neuen, konkreten Erfahrungen könnte ich machen, um herauszufinden, ob die Angst berechtigt ist oder nicht?

Ängste werden schnell zur »Selffullfilling Prophecy«. Deshalb ist es wichtig, ganz bewusst die »Erfahrungspalette« zu vergrößern, so dass auch gute, leichte und lustige Erlebnisse ihren Platz finden. Dann wird es immer leichter, sich zu sagen: Ja, es geht auch manchmal was schief. Aber oft geht es auch gut!

Sie schlug die Spinne zu Boden und zertrat sie. Sicher nicht die eleganteste Lösung – aber immerhin war Laura aus ihrer Starre heraus und ins Handeln gekommen. Seitdem ekelt sie sich zwar immer noch vor Spinnen, aber Laura weiß auch, dass sie sich notfalls selbst helfen kann.

Quälend ist es, von Ängsten gelähmt zu sein. Dann blockieren die Ängste unsere Entwicklung. Deshalb ist es wichtig, diese Lähmung zunächst einmal zu bemerken, so dass wir uns fragen können, was jetzt der nächste Schritt sein könnte, um wieder in Bewegung zu kommen. Eine Politik der »kleinen Schritte« kann im Umgang mit Ängsten sehr hilfreich sein. Wenn du gerne alleine verreisen möchtest, aber dich nie traust, kannst du zum Beispiel erst einmal für ein Wochenende alleine wegfahren und schauen, wie es dir damit geht.

Vergänglichkeit UND *Neubeginn*

Vor vielen Jahren saß ich in einer großen Lebenskrise bei einer spirituellen Lehrerin im Kloster. Drei Tage lang weinte ich dort um eine verflossene Partnerschaft. In tiefem Schmerz beklagte ich, dass ich doch so sehr an die Unsterblichkeit dieser Liebe geglaubt hätte. Und jetzt gar nicht mehr wisse, woran ich überhaupt noch jemals glauben könne. Da erzählte mir die Kloster-Äbtissin folgende Geschichte.

Der Meister und die Chilischote

Ein Schüler fragt den Mönch: »Meister, wie können wir das Unvergängliche finden?«
Der Meister antwortet: »Ein Mann beißt jeden Tag seines Lebens in eine Chilischote. Er windet sich stets aufs Neue vor Schmerz, weil die Schote so scharf in seinem Mund brennt. Aber auf die Frage, warum er das immer weiter tut und in rohe Chilischoten beißt, antwortet der Mann: ›Es könnte ja sein, dass doch einmal eine Schote dabei ist, die nicht scharf ist.‹
So ist es mit unserer Suche nach dem Unvergänglichen auf Erden.«

Auf dieser Geschichte habe ich jahrelang »herumgekaut«, bis sich mir ihr wirklicher Gehalt nach und nach erschloss.
Zuerst dachte ich, ehrlich gesagt: Ach, die Ordensfrau, die hat ja gut reden, sie hat die Suche nach der großen, unvergänglichen Liebe eben aufgegeben, aber ich doch nicht! Dann erlebte ich, wie langjährige Beziehungen zu Ende gingen, weil einer von beiden starb. Und mir wurde klar: Es stimmt einfach. Es gibt auf dieser Erde schlicht und ergreifend gar nichts, das unvergänglich ist. Wir bereiten uns nur unnötiges Leid, indem wir uns in die Idee der Unsterblichkeit verrennen.
In unserer Angst vor dem Tod versuchen wir, uns die »ewige« Liebe als finale Zuflucht zu imaginieren. Aber letztlich ist das natürlich eine Blase, die irgendwann schmerzhaft zerplatzt. Alles endet. Auch jede Liebesbeziehung. Entweder durch Trennung oder durch den Tod.
Wenn wir die Vergänglichkeit alles Irdischen aber wirklich akzeptieren können, dann kann uns das innerlich frei machen. Dann können wir tief und aufrichtig das genießen, was uns das Leben im Hier und Jetzt schenkt. Die Gesellschaft eines Menschen, der uns guttut. Die wärmende Frühlingssonne. Ein Stück selbst gebackener Kuchen. Eine frisch gefallene Kastanie. Den ersten Schnee. All dies ist vergänglich und gleichzeitig wunderbar.
Sobald wir versuchen, der Vergänglichkeit zu entkommen, Schönes zu konservieren, nehmen wir den Dingen ihre Lebendigkeit und lassen sie welken wie Wiesenblumen in einer Vase. Mütter, die beim Anblick ihrer pubertierenden Kinder immer noch lamentieren, wie niedlich diese doch als Baby gewesen seien, bleiben

blind für die einzigartige Anmut und Lebenskraft, die ihre Kinder jetzt gerade entwickeln. Paare, die sich seit Jahren an ihrem Hochzeitstag beklommen im selben Nobelrestaurant anschweigen, hätten heute vielleicht weitaus mehr Spaß, wenn sie sich beide jemanden Neuen suchen würden, der besser zu ihren heutigen Bedürfnissen passt – oder auch alleine mit ihren Freundinnen und Freunden ausgehen würden.

So anstrengend und unsicher sich unser modernes Leben auch oft anfühlen mag, so hat es uns doch eine Fülle neuer Möglichkeiten eröffnet. Wir können uns heute praktisch zu jeder Zeit noch beruflich umorientieren, eine Partnerschaft beenden, eine neue beginnen, den Wohnort wechseln etc. Wir müssen es aber auch wollen – und es uns zutrauen. Stattdessen hängen wir nur zu oft gedanklich und emotional am Gestern und fragen uns etwas wehleidig: Wenn es doch gestern gut war, warum dann heute nicht mehr?! Vermutlich, weil wir uns weiterentwickelt haben.
Weil wir gereift sind, neue Einsichten gewonnen haben, unsere Bedürfnisse besser kennen. Auch Ideen sind vergänglich, Lebenskonzepte, Visionen, Pläne. Und so kannst du neue Ideen entwickeln und Lebensformen finden, die jetzt zu dir und deinen Bedürfnissen passen.
Je weniger du an einst errungenen Erfolgen »anhaftest«, umso leichter kannst du auf eine sich wandelnde Außen- und Innenwelt flexibel reagieren.

Altern ist nichts für Feiglinge

Für viele Frauen ist das Erleben der Vergänglichkeit ihrer Schönheit eine schmerzhafte Erfahrung. Gerade für besonders attraktive Frauen kann das an die Grenze des Aushaltbaren gehen.

Die Schauspielerin Marilyn Monroe, die als eine der schönsten Frauen ihrer Zeit galt, nahm sich mit 36 verzweifelt das Leben, um die Schmach des Alterns nicht länger auszuhalten zu müssen. Und sie war nicht die Einzige. Als mir mit 38 schlagartig klar wurde, dass das Altern auch mich betraf, stürzte ich in ein tiefes Loch. Bis dahin hatte ich geglaubt, es sei mein ganz selbstverständliches Privileg, dass im Baumarkt sämtliche Verkäufer blitzschnell und ungefragt heraneilen, um mir zu helfen, und ich auf jeder Party von zehn Männern angesprochen werde. Erst als diese Aufmerksamkeit nach und nach ausblieb, merkte ich, wie sehr ich mich auf meiner Attraktivität ausgeruht hatte. Ich hatte nie etwas dafür tun müssen, Beachtung zu finden. Und jetzt? War ich jetzt für immer die »in Wirklichkeit« ganz uninteressante Frau?!
Nein, denn glücklicherweise waren auch meine Depressionen vergänglich. Ich stellte fest, dass ich zwar oft nicht mehr die schönste Frau im Raum sein konnte, aber längst die lustigste! Manchmal sogar die Klügste. Und schließlich konnte ich es sogar sein lassen, mich mit anderen zu vergleichen und mich stattdessen aufrichtig an der Schönheit, Klugheit und Lustigkeit anderer Frauen erfreuen. Egal, wie jung oder alt sie sind.

Die Dinge sind uns geschenkt

Schwierig wird es mit dem Loslassen immer dann, wenn wir (unbewusst) finden, dass uns »zusteht«, was wir besitzen, wenn wir denken, es sei unser persönlicher Verdienst und Ergebnis unserer »richtigen« Lebensführung.

Lisa, 57, hat vor über einem Jahr ihren Mann verloren, er starb an Krebs. Der Abschied fällt Lisa extrem schwer, sie findet einfach nicht hinein in ein neues Leben als alleinstehende Frau. Wer sie erlebt, spürt neben ihrer Trauer ungeheuer viel Wut und Bitterkeit. Lisa möchte ihren Mann nicht loslassen. Sie empfindet es als ungeheuerliche Zumutung, dass das Leben ihr den Mann weggenommen hat, obwohl ihre Ehe doch immer glücklich war und sie sich so geliebt haben. Sie haben immer alles richtig gemacht, und trotzdem ist das passiert. Hinter Lisas Wut steckt der zutiefst menschliche Wunsch, das Leben möge immer gerecht sein. Aber das ist es einfach nicht.

Tina, 44, eine engagierte Pastorin, weint in einer Supervisionsgruppe vor Wut und Frustration, weil sie seit vielen Jahren keinen Partner hat. »Woher kommt diese Wut?«, fragt ihr Supervisor. Tina ruft voller Inbrunst: »Ich finde, das ist Gott mir schuldig, dass ich jetzt endlich mal jemanden finde!« Der Supervisor lädt Tina daraufhin zu einem Rollenspiel ein. Sie spielt einen Dialog zwischen sich selbst und Gott. Zunächst bringt sie in der »Tina«-Rolle noch einmal ihren Frust zum Ausdruck. Dann wechselt sie auf den anderen Stuhl und lässt als Gott die wütende »Forderung« auf sich wirken. Schließlich antwortet sie (als Gott) mit tiefster Ruhe: »Ich schulde dir überhaupt nichts.« Wieder auf dem »Tina«-Stuhl wirkt Tina plötzlich entspannt und nachdenklich. Ihre Tränen und ihre Wut sind versiegt. Sie atmet tief durch. »Ja«, nickt Tina, »so ist das.«
Gott, das Schicksal oder wie auch immer wir das nennen wollen, schuldet uns gar nichts. Alles, was wir bekommen hier auf Erden, ist nur ein Geschenk. Und jedes einzelne dieser Geschenke müssen wir am Schluss loslassen.

»Wir alle sind auf Erden nur zu Gast«

ANREGUNGEN FÜR WERTSCHÄTZUNG UND LOSLASSEN

In ihrem Lied »Life for rent« benennt es die britische Sängerin Dido sehr deutlich: »… cause nothing I have is truly mine«. Die folgenden Anregungen können dabei unterstützen, sich Themen rund um Veränderung und Loslassen anzunähern.

Es macht unser Herz berührbarer und offener, wenn wir uns die Vergänglichkeit all unserer »Reichtümer« bewusst machen.

Übungsanleitung

- Auf welche Dinge bist du besonders stolz? Deine Ehe, deinen Job, dein Haus, deine Kinder? Deine schöne Haut, dein Haar?
- Mache dir bewusst, dass nichts davon dein (alleiniger) Verdienst ist. Du bist vom Leben reich beschenkt worden. Das ist eine Gnade, für die du dankbar sein kannst.
- Stell dir für einen Augenblick vor, dass dies alles einmal nicht mehr dir gehören wird. Dass du es eines Tages wirst loslassen müssen.
- Welche Gefühle löst dies in dir aus?
- Schreibe sie in dein Tagebuch oder sprich mit jemandem darüber, wenn du Lust hast.

Übungsanleitung

- Kaufe eine mehrjährige Pflanze, die du in deinem Garten, auf deinem Balkon oder irgendwo draußen unter freiem Himmel einpflanzen kannst.
- Kümmere dich um die Pflanze. Beobachte sie beim Wachsen, beim Knospentreiben, beim Welken im Herbst. Schneebedeckt im Winter. Und wie sie im nächsten Frühjahr wieder austreibt.
- Es stärkt unser Vertrauen ins Leben zu erfahren, dass nach jedem Vergehen auch immer wieder ein Neuanfang kommt. Genau das zeigt uns die Natur im Zyklus der Jahreszeiten.

LEBENSFREUDE

Komm raus, WIR spielen!

Neulich beschwerte ich mich bei einem Bekannten von mir, ich sei auf einer langweiligen Party gewesen. Nörgelig zählte ich auf, was dort alles doof gewesen sei, so dass ich mich gar nicht amüsiert hätte. Da entgegnete der junge Mann mit einem spitzbübischen Lächeln:
»Tja, du weißt ja: DU bist die Party!«

Nach einem Moment des Schockiertseins musste ich herzlich lachen über diese Replik. Natürlich hat er recht! ICH gestalte doch meinen Abend, meine Begegnungen, mein Leben mit, die ganze Zeit. Wenn ich mich amüsieren will – dann muss ich nicht passiv darauf warten, dass die Welt mich bitte amüsiert. Sondern ich kann etwas dafür tun! Auf der Hochzeit einer lieben Freundin haben wir zum Beispiel den (bereits bezahlten!) DJ um 23:00 Uhr suspendiert, weil wir seine Musik schrecklich fanden, und stattdessen selbst aufgelegt – eine herrliche Party wurde das!

Lebensfreude und Lebendigkeit in dein Leben einzuladen kann auf viele wunderbare Arten und Weisen geschehen. Vor allem in jeder kreativen Betätigung steckt so viel Ausdruckskraft und Möglichkeit, einen Flow zu erleben. Ganz zu schweigen von der glitzernden Energie, die in einer flirtigen oder sexuellen Begegnung spürbar werden kann.

Und so richtig feiern lässt sich die Lebensfreude am besten mit anderen: Liebsten, Freund/innen – oder gleich mit der ganzen Nachbarschaft!

Und vergiss nicht: DU BIST DIE PARTY!

»There is no way to happiness.
Happiness is the way!«

Thich Nhat Hanh

Wir sind nicht hierhergekommen,
um einander gefangen zu nehmen,
sondern um uns noch tiefer
der Freiheit und der Freude zu ergeben.

Wir sind nicht in diese wunderbare Welt gekommen,
um uns fern der Liebe als Geiseln zu halten.
Lauf, mein Liebstes, lauf allen davon,
die spitze Messer in deine zarten Träume,
in dein edles, heiliges Herz stoßen wollen.

Uns ist es aufgegeben,
uns mit den Stimmen
der inneren Berufung zu befreunden,
die da draußen vor dem Haus
unserem Geist zurufen:
»Ach bitte, bitte komm heraus
und spiel mit uns!«

Denn wir sind nicht hierhergekommen,
um einander gefangen zu nehmen
oder unsere wunderbaren Seelen einzuschließen,
sondern um immer tiefer zu erleben,
was in uns göttlich ist:
Mut, Freiheit, Licht.

Shams-ud-Din Muhammad Hafiz zugeschrieben,
Persien, um 1320–1389

Mehr FESTE feiern

Feste, Partys oder andere besondere Anlässe können den Alltag für einen Moment außer Kraft setzen. Manchmal vergessen wir, wie wichtig es ist, sich Zeit und Gelegenheit dafür zu schaffen.

Als ich angehende Altenpflegerinnen und Altenpfleger im Fach Psychologie unterrichtete, machte ich zum Thema »Selbstfürsorge« ein kleines Experiment mit meiner Klasse. Ich ließ alle Schülerinnen und Schüler ein individuelles Vorhaben zur Selbstfürsorge auf kleine Zettel schreiben, das sie in der folgenden Woche umsetzen wollten. Das konnte so etwas sein wie ein Waldspaziergang, ein Schwimmbadbesuch, was immer sie sich ausdachten, was ihnen gut tun könnte. Dann sammelte ich all diese Zettelchen in einem Hut, schüttelte sie gut durch – und ließ jeden und jede einen *neuen* Zettel ziehen! Denn manchmal können uns Anregungen von außen auf ganz neue Ideen bringen. Deshalb machte ich auch selbst mit – neugierig, was für ein Vorhaben wohl zu mir käme. Dann war ich ziemlich überrascht: Ich zog einen Zettel, auf dem stand: »Party machen mit Freunden!« Zunächst musste ich schallend lachen. Das war so typisch für das Lebensgefühl meiner im Schnitt 19-jährigen Schülerinnen und Schüler! Später wurde ich nachdenklich:

Wann hatte ich eigentlich das Feiern verlernt? Warum gestand ich das den jungen Erwachsenen zu – mir jedoch nicht mehr? Ich erinnerte mich an anderthalb Jahrzehnte voller Partys, Tanzveranstaltungen und durchzechter Nächte – was für ein herrliches Lebensgefühl! In meiner kleinen Studentinnenbude war ich eine leidenschaftliche Gastgeberin von schrägen Verkleidungspartys mit legendärem Ruf gewesen. Dort wurde stets bis in den Morgen hinein getanzt, getrunken und geflirtet.

Mit dem Eintritt ins Berufsleben und der Schwangerschaft war diese Energiequelle plötzlich wie ausgeknipst. Ausgelassene Feste feiern, trinken, herumalbern? Fehlanzeige.

Und so beschloss ich, das Feiern wieder zu lernen. Ich rief eine etwas jüngere Freundin an und fragte sie, ob sie mit mir am Wochenende ausgehen würde. Mit meinem damaligen Mann vereinbarte ich, dass ich am nächsten Tag würde ausschlafen wollen, so dass er sich um unseren vierjährigen Sohn kümmern müsste. Und siehe da, es klappte.

Als mein Sohn älter wurde und gerne bei einem Schulfreund übernachtete, begann ich auch wieder, selbst Feten zu veranstalten. Und zwar nach dem gleichen Prinzip wie früher: Mit Verkleidungsmotto, als »Bottleparty« und »nur für Erwachsene«. Ich war es leid, dass ich seit Jahren kuschelige nachmitttägliche

Teepartys mit Kleinkindern feierte. Ich wollte wieder *richtige* Partys. Und, oh Wunder, auch das klappte. Die Leute besorgten sich einen Babysitter, standen um acht aufgestylt und tanzwütig auf meiner Fußmatte und wir rockten die Wohnung bis ein Uhr – dann machten sich alle leicht angetrunken und hochzufrieden auf den Weg ins Bett. So feiern Erwachsene!

Natürlich muss das Feiern gar nicht so wild sein, um Spaß zu machen. In der Familie meines Exmannes kann selbst eine Konfirmation zur ausgelassenen Party werden, bei der man bis in die Nacht hinein Gitarre spielt, zusammen singt und jede Menge Spaß hat, während die Jugendlichen im Nachbarzimmer ungestört »Flaschendrehen« spielen.

Feste sind kleine Meilensteine im Leben

Feste sind »Kumulationen« von gemeinsam zelebrierter Lebensenergie. Alle Beteiligten erinnern sich noch lange daran, sie stiften Gemeinschaft und Nähe. Wer schon einmal ein Nachbarschaftsfest gefeiert hat, weiß, wie anders man sich danach begegnet, wie viel persönlicher und herzlicher sich der Kontakt plötzlich anfühlt. Früher beging man Dorffeste und Familienfeste nach einem zuverlässigen Ritus, man freute sich schon lange gemeinsam darauf und gestand sich zu, dabei auch einmal »über die Stränge zu schlagen«.

Heute hat das Feiern im Leben vieler Menschen in unserer Kultur gar keinen festen Platz mehr. Wir tun es als ungeliebtes Pflichtprogramm ab, das wir für die Kinder oder auch älteren Familienmitgliedern zuliebe »inszenieren«. Oder wir verweigern uns komplett. Nur den unter 30-Jährigen gestehen wir noch eine Partykultur zu. Ist das nicht schade?

In dem bezaubernden Film »Wir sind die Neuen« gründet die 60-jährige Biologin Anne in München (zunächst aus finanzieller Not) eine WG mit zwei ehemaligen Mitstudenten, die ebenfalls geschieden sind. Eines Abends besuchen die drei spontan eine große Disco (bzw. einen *Club*, wie man das heute nennt) – und fallen dort trotz ihres Alters erstaunlich wenig auf. Sie tanzen wild und amüsieren sich prächtig. Glücklich, fast andächtig blickt Anne in die tanzende, wogende, fröhliche Menge und wir hören sie denken:

> »Das ist es! Man muss tanzen gehen! Wie konnten wir das nur vergessen?!«

Wie du wieder auf den Geschmack kommst

- Überlege: Wann hast DU zum letzten Mal richtig ausgelassen gefeiert?
- Was brauchst du, um dich gut zu amüsieren? (Welche Art von Menschen, Musik, Getränken, Umgebung etc.?)
- Plane eine konkrete »Party«: Frag Freundinnen bzw. Freunde, ob sie mit dir ausgehen, oder veranstalte selbst ein Fest.
- Mach ein Foto von dieser Party, auf dem du selbst zu sehen bist, und häng es in deiner Küche auf.
- Plane schon Monate im Voraus »Ausgeh-Abende«, Tanzveranstaltungen, Partys oder Feste, auf die du gehen möchtest, so dass du dich schon lange vorher darauf freuen kannst!

Nicht AUFHÖREN *zu flirten*

Es gibt keine einfachere und unkompliziertertere Art, wie zwei Menschen sich gegenseitig gute Laune schenken können, als indem sie miteinander flirten. Flirten ist ungefährlich, kostet nichts und geht überall. Wir drücken dabei mit unserem Verhalten aus: »Ich finde dich toll und vielleicht auch ein kleines bisschen attraktiv!« Sonst nichts. Aber es reicht, um jemand anderem – und sich selbst – ein herrliches Gefühl zu schenken.

Beim Flirten fühlst du für einen Augenblick die sprudelige Freude von jemandem, der ein Geschenk macht – und ein Geschenk bekommt. **Ein klitzekleines Weihnachten! Das Geschenk heißt: Wertschätzung!**
Als Studentin hatte ich eine Zeit lang einen ziemlich eifersüchtigen Partner. Nachdem wir einen Tag zusammen durch Berlin streiften, sagte er am Abend mit einer Mischung aus Bewunderung und Vorwurf: »Meine Güte, du flirtest ja wirklich mit *jedem!*« Mit dem jungen Ticketverkäufer, der hübschen Kellnerin, dem attraktiven Polizisten, dem lesbischen Pärchen am Nachbartisch, ja sogar mit meinem Kollegen kurz am Telefon hätte ich geflirtet. Das habe er *ganz* genau gespürt. Über diese Rückmeldung war ich zunächst verdutzt, dann rechtfertigte ich mich etwas hilflos, das sei eben so mein Kommunikationsstil …
Natürlich ist die persönliche »Flirt-Fähigkeit« immer auch von der Tagesform abhängig. Wenn mein Kind seit Tagen krank im Bett liegt, ich Zahnschmerzen habe oder die Klospülung kaputt geht (zehn Minuten, bevor ich zu Arbeit muss), vergeht auch mir kurzfristig die Fähigkeit zur wertschätzenden Kommunikation mit meinen Mitmenschen. Sie kommt aber – Gott sei Dank – auch immer wieder zurück.

Die Kunst am gelungenen Flirt liegt darin, immer gewisse Grenzen einzuhalten.

Spielerisch bleiben

Man macht beim Flirten niemals direkte sexuelle Avancen, treibt niemanden in die Enge und versucht nicht, jemanden über irgendeine Grenze zu »pushen«.
Bella, 41, erzählt von einem Flirt mit ihrem Chef: »Es ist so harmlos, aber so schön aufregend! An den Tagen, wo wir beide auf der Etage sind, kann ich morgens im Flur schon riechen, ob er da ist! Ich mag sein Rasierwasser sehr. Wenn wir uns dann im Flur begegnen, nehmen wir uns immer die Zeit für ein nettes Pläuschchen. Manchmal verbringen wir auch die Mittagspause zusammen und er spendiert mir noch einen Kaffee aus der tollen Spezialmaschine in seinem Büro. Dann lachen wir viel und reden über alles Mögliche – aber wir siezen uns

weiterhin und das wird auch so bleiben. Selbst das finde ich irgendwie sexy! Wir sind beide liiert, da wird nichts sonst passieren. Aber diese kleinen flirtigen Begegnungen mit ihm, die sind einfach toll!«

Bellas Beispiel zeigt auch sehr klar, dass Flirten überhaupt nichts mit »Schleimen« oder Manipulation zu tun hat. Sie will ihren Chef zu nichts »bringen« – und er sie auch nicht. Sie finden sich einfach gegenseitig toll, das war's. Manipulativ ist es, ein bestimmtes Verhalten aus »strategischen« Gründen einzusetzen, um jemanden zu etwas zu bewegen, das er eigentlich nicht will. Darum geht es beim Flirten nicht. Es geht nur darum, jemandem mehr oder weniger offen die eigene Wertschätzung und Sympathie zu zeigen. Das kann durch gemeinsames Witzeln, verbalen Schlagabtausch, Lachen, Hin-und-her-Werfen von »Insider«-Bemerkungen, flüchtige kleine Berührungen oder auch nur Lächeln und Blickkontakt geschehen.

Flirten ist eine universelle menschliche Grundfähigkeit

Ich bin noch in keinem Land der Erde gewesen, wo nicht geflirtet wurde. Allerdings gelten wir Deutschen nicht gerade als die Großmeister dieser spannungsvollen Art der Kontaktaufnahme: Als eine »Gesellschaft des gesenkten Blicks« bezeichnet uns der Soziologe Hartmut Rosa gar.
Selbst Babys und Kleinkinder tun es. Bist du schon einmal von einem Einjährigen angestrahlt worden, der dann flugs den Kopf hinter der Schulter seiner Mama versteckt? Und dich drei Sekunden später wieder schelmisch anlächelt, ja fast verschwörerisch?! Richtig, er flirtet mit dir!
Das Flirten mit dem leisen erotischen Unterton kommt dann zu Beginn der Pubertät hinzu. Ich erinnere mich noch genau, wie ich meinen zwölfjährigen Sohn von einer Jugendgruppenreise abholte. Wir standen alle noch herum und aßen ein Eis. Mein Sohn riss Witze und »Insider« mit einer Gruppe von Mädchen und sie lachten sich schlapp. Plötzlich durchfuhr mich die neue Erkenntnis wie ein Blitz: Er flirtet! Mein Sohn flirtet! Er ist kein Kind mehr!

Das Schöne ist: Flirten schadet niemandem. Deshalb ist es manchmal wichtig, dass ein Flirt wirklich ein Flirt bleibt.
Einst lernte ich auf einem Kongress einen tollen Mann kennen. Wir waren beide verheiratet. Abends tanzten wir miteinander, irgendwann ziemlich eng. Dann kam der Punkt, wo wir innehielten, uns anlächelten und ich sagte: »Ich glaub, wir setzen uns jetzt mal besser hin und trinken ein Glas Wasser!« Über diesen Moment bin ich noch jetzt, nach 14 Jahren, froh. Denn wir wurden richtig gute Freunde, ich habe später auch seine Frau ganz innig in mein Herz geschlossen. All das wäre unmöglich geworden, hätten wir aus dem Flirt eine (noch so kleine) Affäre werden lassen.

Manchmal kann eine winzige flirtige Alltagsbegegnung unserem Leben einen entscheidenden Aufwind geben. Klara, 35, erzählt: »Ich hatte wenige Monate zuvor mein erstes Kind zur Welt gebracht und fühlte mich immer noch total ausgelaugt und irgendwie ›unsichtbar‹ für Männer. An diesem Tag aber hatte ich mich mal wieder ein bisschen schick gemacht und mein frivoles kleines Kunstpelzjäckchen angezogen. Da strahlte mich einer der Kellner vor dem italienischen Restaurant an und rief mir ›Hey, ciao Bella!‹ hinterher. Ich hätte fast geheult vor Freude! Ehrlich, er hat mir meine Würde als Frau zurückgegeben in diesem Augenblick!«

Der Weg zum KREATIVEN Flow

Schöpferische Energie steckt in jedem Menschen. Verschiedenste Tätigkeiten können in den »Flow« führen, in dieses Fließen, das zutiefst glücklich macht.

Ich erinnere mich genau an den Moment, als ich zum ersten Mal in meinem Leben jemanden im kreativen Flow erlebte. Ich war 15 und besuchte meine beste Freundin Anne, die seit einigen Monaten Unterricht in klassischer Konzertgitarre nahm. Ich klopfte an Annes Zimmertür, keine Reaktion. Vorsichtig trat ich ein. Anne saß auf einem Stuhl, vor sich den Notenständer. Und sie spielte. Leise setzte ich mich auf das Bett. Anne spielte. Gleichzeitig völlig entspannt und ganz konzentriert, hatte sie die Welt um sich herum vergessen. Eine Art »heiliger Ernst« umgab sie. Jede ihrer Bewegungen war flüssig und wie selbstverständlich, jedes Umgreifen auf dem Gitarrenhals, jedes Zupfen der zarten Saiten. Ihr Gesicht war halb hinter dem herabfallenden Haar verborgen. Nach einer ganzen Weile hielt sie inne, seufzte und blickte zum ersten Mal hoch. Erstaunt riss sie die Augen auf und rief: »Huch! Du bist ja schon da!«

Als Teenager lachten wir uns schlapp über diese Situation, später sagte ich einmal zu Anne: »Meine Güte, wenn du spielst, könnte eine ganze Kamelherde an dir vorbei durchs Zimmer ziehen, du würdest es nicht einmal bemerken!« Das Flow-Konzept wurde erstmals von Mihaly Csikszentmihalyi Ende der 1980er-Jahre beforscht und beschrieben und fasziniert seitdem die Welt der Psychologie, weil hier offenbar einer der intensivsten Glückszustände, die wir Menschen erleben können, fassbar wird. Menschen in Flow-Situationen atmen tief und gleichmäßig, sie sind zugleich hellwach und völlig entspannt. Sie beschreiben diesen Zustand als eine Art »Einssein mit der Welt« oder ein Abtauchen in eine »andere Welt«. Während eines Flow-Erlebnisses denkt und fühlt man nichts anderes, man ist sozusagen ganz und gar im Augenblick. Es ist eine Art Rauschzustand.

Sophie, 30, beschreibt einen Flow beim Malen: »Der Anfang eines Bildes ist oft schwer und steinig. Aber dann, nach einer Weile, kriege ich plötzlich ein Gefühl dafür, was es werden könnte. Dann erfasst mich ein Rausch, ein

Glück, ich kann es gar nicht beschreiben. Dann denke ich nicht mehr nach, konstruiere nicht mehr, plane nicht mehr. Dann ist es, es ob sich ein ›innerer Masterplan‹ wie von selbst entfaltet und ich ihm nur noch folgen muss. Ich male ab da nur noch intuitiv und fühle einfach, was stimmt, und es stimmt dann, alles stimmt.«

Was beim Flow geschieht

Inzwischen lassen sich Flow-Erlebnisse auch neurophysiologisch abbilden. Besonders intensiv beforscht hat man das bei Menschen, die musizieren – egal ob Profis oder Laien. So wissen wir heute, dass sich deren Gehirnhälften optimal vernetzen und sich ein spezifisches hirnphysiologisches Aktivierungsmuster ergibt. Bei Menschen, die gemeinsam Flow-Situationen erleben, synchronisieren sich die Gehirnströme. Sie »schwingen« sich also tatsächlich bis in die kleinste Zelle aufeinander ein.

Chorsänger/innen, Schauspiel-Ensembles und Bandmusiker/innen beschreiben das gelegentlich als Gefühl geradezu »kosmischer« Verbundenheit, und auch Gruppen von Bergsteiger/innen, Sportler/innen oder Arbeitsteams, die gemeinsam auf kreative Weise eine Herausforderung meistern, erleben diese Art des kollektiven Flows.

Melissa, 32, tanzt in ihrer Freizeit in einem Ensemble: »Wenn wir eine Choreographie zusammen proben, kommt irgendwann dieser Punkt, wo wir plötzlich ›eins‹ werden. Dann fühlt es sich an, als seien wir ein Körper. Wir atmen zusammen, jede Bewegung fließt ineinander. Ich kann dann jede einzelne Tänzerin spüren, auch ohne sie zu sehen, selbst, wenn sie hinter mir steht.«

Karsten, 39, arbeitet im Vorbereitungsteam einer großen jährlichen Fachtagung: »Einmal war es total schwer, ein neues Thema zu finden. Wir hatten das Gefühl, alles ›war schon da‹. Statt weiter verkrampft nachzudenken, fingen wir irgendwann an, uns gegenseitig von den wissenschaftlichen Entdeckungen zu erzählen, die

uns persönlich im letzten Jahr fasziniert hatten. Eine Kollegin sprach sehr begeistert von einem Vortrag, andere hakten nach, und plötzlich war es da: Dieser Pfad der gemeinsamen Faszination, dieses ›Angestecktwerden‹ von einer Idee. Ab da waren wir alle wie ›angeknipst‹, formulierten Fragestellungen, verwarfen sie wieder, suchten fieberhaft Beispiele, noch genauere Beschreibungen usw. Nach nur einer weiteren Stunde stand das komplette Konzept!«

Karstens Beispiel zeigt, dass manchmal ein »Loslassen« notwendig ist, um den Flow zu ermöglichen. Er kommt nicht auf Kommando, niemals!
Was den Flow vom Zustand der Entspannung oder Meditation unterscheidet, ist, dass wir dabei aktiv etwas tun und in diese Tätigkeit ganz und gar »versinken«, weil sie unsere komplette Aufmerksamkeit erfordert. Der Flow scheint nur dann einzutreten, wenn wir auf dem Scheitelpunkt unserer Fähigkeiten surfen, also alles, was wir können, einsetzen müssen, um die Aufgabe zu bewältigen. Sobald wir uns überfordert fühlen, weil unsere Fähigkeiten (scheinbar) nicht ausreichen, sind wir unzufrieden – und alles fühlt sich nach »harter Arbeit« an. In einem längeren kreativen Prozess wechseln sich oft beide Phasen ab, vielleicht bedingen sie sich auch gegenseitig. Viele Menschen berichten, dass es sowohl »Harte Arbeit«-Phasen als auch »Flow«-Phasen braucht, um am Schluss ein zufriedenstellendes Ergebnis zu erreichen. Wir können also nicht von uns erwarten, immer nur im Flow zu »schweben«, sondern müssen auch die anderen Zeiten in Kauf nehmen.

Dein Weg in den Flow

Es wurde in den letzten Jahren viel geforscht mit dem Ziel, herauszufinden, was Menschen brauchen, um ein Flow-Gefühl zu erleben. Wichtig scheinen folgende Punkte zu sein:

- Die Sache macht dir Spaß.
- Die Tätigkeit liegt dir am Herzen, sie hat für dich persönlich eine Bedeutsamkeit, sie ist dir wichtig.
- Du bist dir darüber im Klaren, dass du es nur dann richtig gut schaffen kannst, wenn du alle deine Fähigkeiten dabei in die Waagschale wirfst, alles gibst, alles versuchst.
- Es gibt keinen vorgegebenen Lösungsweg, sondern du/ihr müsst einen neuen, eigenen Weg finden.
- Du kannst vertrauen, dass du die Situation oder Aufgabe bewältigen kannst.
- Du kannst dir selbst die innere Erlaubnis geben, in dem Moment an nichts anderes zu denken.

How TO BE AN ARTIST

Lass dich fallen.
Lerne Schlangen zu beobachten.
Pflanze unmögliche Gärten.
Lade jemand Gefährlichen zum Tee ein.
Mache kleine Zeichen, die »ja« sagen,
und verteile sie überall in deinem Haus.

Werde ein Freund von Freiheit und Unsicherheit.
Freue dich auf Träume.
Weine bei Kinofilmen.
Schaukle so hoch du kannst mit einer Schaukel bei Mondlicht.

Pflege verschiedene Stimmungen.
Weigere dich, »verantwortlich zu sein« – tu es aus Liebe!
Mache eine Menge Nickerchen.
Gib Geld weiter.
Mach es jetzt.
Das Geld wird folgen.
Glaube an Zauberei.
Lache eine Menge.
Bade im Mondschein.

Träume wilde, phantasievolle Träume.
Zeichne auf die Wände.
Lies jeden Tag.
Stell dir vor, du wärst verzaubert.
Kichere mit Kindern.
Höre alten Leuten zu.
Öffne dich.
Tauche ein.
Sei frei.

Preise dich selbst. Lass die Angst fallen.
Spiele mit allem.
Unterhalte das Kind in dir.
Du bist unschuldig.
Baue eine Burg aus Decken.
Werde nass.
Umarme Bäume.
Schreibe Liebesbriefe.
... und tanze so viel du kannst.

SARK

SARK ist die Autorin und Künstlerin Susan Ariel Rainbow Kennedy. Ihr Text »How to be an artist« wird häufig fälschlicherweise Joseph Beuys zugeschrieben.

Diese Übung stärkt
die Empfänglichkeit für
künstlerische Impulse.
Wir öffnen uns sozusagen
einer kreativen »Resonanz«,
ohne gleich alles
»verwerten« zu
müssen.

Inspiration finden

LADE KREATIVE ENERGIE IN DEIN LEBEN EIN

Übungsanleitung

Ob in Freizeit oder Beruf, Sport oder Ehrenamt, das spielt gar keine Rolle: Jeder Mensch kann Flow-Erlebnisse in sein Leben einladen. Auch du!
Um sich besser für kreative Flow-Situationen aller Art öffnen zu können, hat die folgende Übung schon vielen Menschen geholfen. Sie ist angelehnt an den »Künstlertreff« der Künstlerin und Autorin Julia Cameron.

- Reserviere dir (am besten regelmäßig) einen Zeitraum von ca. zwei Stunden nur für dich und deine Inspiration.

- Suche in dieser Zeit einen Ort auf, an dem niemand etwas von dir will. Weder deine Familie noch deine Freunde noch deine Arbeit.

- Unternimm in dieser Zeit etwas Spielerisches, auf das du neugierig bist. Du kannst dir eine alte Kirche oder eine geheimnisvolle Burgruine anschauen, einen verwunschenen Park, einen Friedhof. Oder eine Bildergalerie, eine seltsame Theaterperformance, ein Konzert in einer Musikrichtung, die du noch nie gehört hast. Du kannst ein Stadtviertel besuchen, in dem du noch nie warst.

- Hauptsache, es ist etwas Überraschendes dabei, etwas »Fremdes«, auf das du dich einlassen magst.

- Nimm das Erlebnis mit allen Sinnen auf: Was riechst du, was fühlt deine Haut? Was hörst du, was siehst du?

- Versuche, die Eindrücke, die du dabei bekommst, möglichst wertfrei auf dich wirken zu lassen, ohne sie gleich in »gut« oder »schlecht« aufzuteilen.

- Je nachdem, was zu dir passt, kannst du einen Skizzenblock, einen Fotoapparat, ein Notizbuch o.ä. mitnehmen.

Spüre DEINE Lust

Sexuelle Energie ist eine universelle Kraft, die alles, was lebt, durchströmt. Der libanesische Dichter Khalil Gibran schreibt: »*Eure Kinder sind nicht eure Kinder. Sie sind die Söhne und Töchter der Sehnsucht des Lebens nach sich selber.*«

Diese »Sehnsucht des Lebens nach sich selber« ist eine mächtige Quelle von Lebenslust. Sie führt uns quasi zurück zu unseren Wurzeln – und gleichzeitig zieht sie uns weiter, treibt uns an. Im Laufe des Lebens verändert sich unsere sexuelle Energie viele Male, sie vermag sich auszudifferenzieren, lauter oder leiser zu werden, hitziger oder sanfter. Wir können Männer oder Frauen begehren, kurze oder lange Zeiten alleine sein, Sexualität mit einem anderen Menschen oder alleine erleben. Niemals jedoch sind wir asexuelle Wesen.

Mein Tanzimprovisations-Lehrer Julyen Hamilton aus England erzählte in einem Workshop einst Folgendes: Wenn eine Elefantenkuh spürt, dass sie sterben wird, geht sie zum Wasser, um ein letztes Mal zu trinken. Dann passiert es oft, dass ihr ein junger Bulle folgt, um sich dort mit ihr zu paaren. Das ist seine Art, die Elefantenkuh aus dem Leben zu geleiten.

Bei uns Menschen passiert leider oft etwas anderes: Etliche Frauen über 40 klinken sich völlig aus ihrer Sexualität aus. Sie verlieren die Lust – und suchen sie auch nicht mehr. Statt ihren sich verändernden sexuellen Bedürfnissen achtsam zu lauschen, geben sie sie resigniert auf. Das ist in meinen Augen ein schwerer Fehler. **Unsere Sexualität ist ein Schatz von Lebensenergie. In unserer Lust wohnt immer auch Lebenslust** – und gerade in schweren Zeiten ist es fatal, sich von dieser Quelle abzuschneiden.

Deine Sinnlichkeit fördern

Die Lust ist ein wärmendes Feuer, und sie braucht, wie jedes Feuer, Fürsorge und Pflege. Wir müssen Holz hacken und nachlegen, Papier und Anzünder besorgen, in die Glut blasen und sie nähren, damit sie lebendig bleibt.

Für Menschen, die nicht in einer festen Partnerschaft leben, ist es immer eine Herausforderung, ihrer Lust trotzdem Raum zu geben.

»Sinnlich zu sein bedeutet, glaube ich, die Kraft des Lebens, das Leben selbst, zu respektieren und sich daran zu erfre

Alles, was den Kontakt zur eigenen Sinnlichkeit fördert, kann der richtige Weg sein. Du kannst einen Tag in der Therme genießen, dir eine Massage gönnen. Du kannst tanzen gehen, deine Freundinnen und Freunde umarmen, dir ein neues Kleid oder eine gut sitzende Jeans kaufen. Du kannst jemandem auf der Straße ein Kompliment für sein oder ihr Parfum machen, Blumen verschenken und jemanden zum Erdbeerkuchen einladen. Was immer es sei: Es wird dich in Kontakt mit deiner Sinnlichkeit und Lebensfreude bringen. Und was den Orgasmus betrifft, möchte ich hier Woody Allen zitieren: »Masturbation ist Liebe machen mit einem Menschen, der mir sehr, sehr nahe steht!«

Für alle, die in einer langjährigen festen Partnerschaft leben, sind die Herausforderungen rund um den Erhalt des Lustfeuers ganz anderer Art. Sie haben zwar einen Menschen, mit dem sie ihre Sexualität praktizieren könnten, klagen aber oft über ein Versiegen der Lust. Auch hier ist Kreativität gefragt: Wie steht es mit Kuscheln und Knutschen? Allein dabei schüttet der Körper eine Vielzahl glücklich machender Hormone aus. Das »Bindungshormon« Oxytocin zum Beispiel macht uns zufriedener, ausgeglichener und wohlwollender. Hautkontakt ist ein tiefes menschliches Grundbedürfnis. Säuglinge, denen Hautkontakt verweigert wird, *sterben*. Trag Sorge für deinen »Skin hunger« und such Körperkontakt zu deinen Liebsten – auch wenn sich daraus keine weitergehende sexuelle Begegnung ergibt.

Um das konkrete Sexleben zu stimulieren, bietet sich heute eine Vielzahl von Möglichkeiten, die frühere Generationen noch gar nicht kannten.

Eine Freundin von mir, 60 Jahre alt und seit über 30 Jahren verheiratet, vertraute mir neulich an, dass sie mit ihrem Mann neuerdings zu Tantra-Workshops fährt. Als sie davon berichtet, funkeln ihre Augen hell wie Sterne. »So guten Sex wie zur Zeit hatten wir noch nie!«, flüstert sie. Fantastisch, oder? Beim Tantra geht es viel darum, den Sex aus einer »funktionalen« Sichtweise zu befreien und sich einer ergebnisoffeneren Sinnlichkeit zu öffnen – was eine radikale Entschleunigung der körperlich-seelisch-geistigen Begegnung mit sich bringt.

„… in allem, was man tut, anwesend zu sein, von den Mühen des Liebens bis zum Brechen des Brotes.“

James Baldwin

Das tut vor allem Menschen, deren Lust von Leistungsgedanken erstickt ist, sehr gut, weil es sie ermuntert, ihr sexuelles Tun überhaupt wieder mit allen Sinnen genießen zu können. Auch wenn dir der Besuch eines Swingerclubs, via Internet arrangierte erotische Begegnungen, esoterisch anmutende Tantra-Seminare oder der Gebrauch von Handschellen und Augenbinden beim Sex zunächst befremdlich erscheinen mögen – du kannst sie zumindest als Optionen im Blick haben. Wichtig ist, dass *du* die Verantwortung für den Erhalt *deiner* Lust übernimmst. Gesteh dir ruhig zu, auch Dinge auszuprobieren, von denen du dann feststellst, dass sie dir *nicht* liegen!

Mir ist ein Paar Anfang 30 bekannt, das sich nach dem probeweisen Besuch eines Swingerclubs noch vor dem Gebäude wutentbrannt angeschrien und (zum ersten Mal in ihrer Beziehung!) sogar geohrfeigt hat vor Eifersucht! Dann haben beide geweint und später gelacht – und die Swingerclub-Idee verworfen. Trotzdem hat dieses Experiment ihre Beziehung bereichert und lebendig gemacht.

Treu sein – dir selbst gegenüber!

Alle Menschen in festen Beziehungen, die ihre Lust bin ins hohe Alter wachhalten und spüren wollen, sind früher oder später mit der gleichen Frage konfrontiert: **Was passiert mit meinem erotischen Begehren für *andere* Männer und Frauen?**

Welche Antwort für dich und deine Beziehung stimmig ist, das musst du mit deinem Partner bzw. deiner Partnerin gemeinsam besprechen und herausfinden. Je transparenter die Übereinkünfte, die ihr trefft, sind, desto größer sind die Überlebenschancen eurer Beziehung. Seid euch bewusst: Einfache Antworten gibt es nicht. Auch dann nicht, wenn ihr einander unbedingte Treue schwört, um jede Verletzung zu vermeiden. Denn dann bedeutet das, dass ihr euer Leben lang rigoros jeden sexuellen Impuls, der sich nach außen richtet, unterdrücken müsst, ohne jeden Spielraum. Bei nicht wenigen langjährigen Ehepaaren führt das zu großer Verbitterung.

Andere Paare, die sich Treue geschworen haben, praktizieren außereheliche Sexualität nur in allergrößter Heimlichkeit. Man belügt sich

gezwungenermaßen gegenseitig und fühlt sich dabei schuldig und gemein. Hinzu kommt, dass die Ehe überhaupt keine Entwicklungschancen bekommt, wenn einer der beiden seine sexuellen Energien und Bedürfnisse stattdessen kommentarlos »abzieht« und in eine andere Beziehung investiert.
Manche Menschen (vor allem Männer) machen sich vor, wenn sie ständig wechselnde Sexualpartner(innen) neben der Partnerschaft haben, sei das ja ganz »unemotional« und in dem Sinne kein »Betrug«. Dabei unterschätzen sie die Macht des Eros jedoch enorm. Jede sexuelle Begegnung hinterlässt Spuren in unserer Seele – vor allem dann, wenn es eine schöne und erfüllende Begegnung war.
Um das Lügen und Hintergehen zu vermeiden, gestehen sich andere Paare von vornherein gegenseitig gewisse Spielräume und Freiheiten zu. Manche nennen das neuerdings »Polyamorie«. Aber ach, auch das ist nicht einfach! Möchtest du davon erfahren, wenn dein Partner bzw. deine Partnerin mit jemand anderem schläft? Wie viel möchtest du davon erfahren? Wie wird es dir damit gehen? Wie gesagt: Einfache Antworten gibt es nicht! Was sich heute für dich richtig anfühlen mag, fühlt sich vielleicht morgen schon falsch an.
Dennoch lohnt sich die Diskussion um die Treue unbedingt. Wir halten damit unser Bewusstsein für die Lust wach. Wir wertschätzen und respektieren, dass wir unser Leben lang sexuell aktive Wesen bleiben – und es auch bleiben wollen!

Erotisch leben

- Versuch, so oft es dir einfällt, die Welt »erotisch« wahrzunehmen!

- Was zieht deinen Blick auf sich? Was gefällt dir? Was erregt dich?

- Pflege deine erotischen Wahrnehmungen und Fantasien, schreib sie möglichst auf. Sie sind ein wertvoller, einzigartiger Bestandteil deiner Sexualität.

- Wenn du in einer Beziehung lebst, kannst du deine erotischen Fantasien auch mit deinem Partner oder deiner Partnerin teilen. Diese Offenheit kann sehr anregend wirken!

- Wenn du über Monate oder gar Jahre kein erotisches Begehren mehr fühlst, dann mach dir Sorgen! Mach dich auf die Suche, was diesen wunderbaren Strom von Lebensenergie in dir »verstopft«, was ihn zum Versiegen gebracht hat. Erobere dir deine Lust zurück! Sie gehört dir ganz alleine und ist ein großer Schatz!

Vom ZAUBER der Freundlichkeit

Vor einiger Zeit erschien ein Artikel von Till Raether, der mein Leben ein kleines bisschen revolutionierte: »Vom Zauber der Freundlichkeit«. Mir wurde bei der Lektüre schlagartig klar, was für eine wirkmächtige Magie im aktiven Praktizieren von Freundlichkeit liegt.

Raether schreibt: »Freundlichkeit ist eine innere Revolution. Sie bringt nicht nur den Alltag zum Leuchten, sondern sie erhebt einen auch über das miese, mickrige Prinzip, nach dem unser Leben und unsere Gesellschaftsform viel zu oft organisiert sind: immer der erste sein, das meiste haben, clever sein, misstrauisch, keine Schwäche zeigen.« Dann fährt er fort: Freundlichkeit »überzieht die Welt für Momente mit einem magischen Glanz, und plötzlich, egal, ob wir jemandem einen Sitz angeboten haben oder ob wir uns endlich setzen können, weil jemand aufgestanden ist, bekommt das Leben eine fast kindliche Leichtigkeit. Freundlichkeit ist wie eine gelebte Utopie im Alltag, sie zeigt uns, dass es eine Art zu leben jenseits von Ellenbogen und Konkurrenzkampf gibt.«
Raether unterscheidet zwischen freundlichen, neutralen und destruktiven Interaktionen. Tatsächlich ist nachweisbar, dass Beziehungen, in denen die Partner/innen überwiegend

»Meine Philosophie ist Freundlichkeit.«
Dalai Lama

freundlich aufeinander reagieren, als glücklicher erlebt werden und länger halten. **Es ist die Summe unserer tausend täglichen kleinen Interaktionen, die auf lange Sicht darüber entscheidet, wie glücklich wir miteinander sind,** so Raether. Und es reicht eben nicht, meistens »neutral« auf andere zu reagieren. Gestern hat mein Teenager-Sohn sein Zimmer aufgeräumt. Meist sage ich nur neutral »Wurde ja auch Zeit«. Manchmal nörgele ich auch herum: »Du musst aber auch mal die klebrigen Ringe vom Schreibtisch wischen.« Diesmal habe ich einfach gesagt: »Wow, das sieht wirklich toll aus!« Da hat er ganz stolz gelächelt.

Random acts of kindness

Warum praktizieren wir nicht viel öfter Freundlichkeit in all unseren Alltagsbegegnungen? »Random acts of kindness« nennt man das auf Englisch, quasi wahllos verteilte kleine Freundlichkeiten. Es ist so leicht. Jemanden in die Warteschlange vorlassen. Der einsamen Tante Erika am Telefon ein Viertelstündchen in Ruhe zuhören und ihr zum Schluss noch einmal versichern, dass man sich sehr gefreut hat über ihren Anruf.

Wenn du dich einmal bewusst darauf einstellst, aktiv freundlich statt neutral oder destruktiv zu kommunizieren, werden so viele kleine Alltagssituationen plötzlich lustig und leicht.

Einmal rief ich an der Supermarktkasse: »Ach, so teuer! Kann man das noch herunterhandeln?!« Der Kassierer kicherte amüsiert und riss auch mit den Kunden nach mir noch Witzchen. So zieht Freundlichkeit ihre Kreise wie das berühmte Steinchen, das man ins Wasser wirft. Neulich lächelte mich auf meiner Walking-Runde durch den Park ein entgegenkommender Jogger strahlend an. Sofort musste ich auch lächeln – und gab es an die mir entgegenkommende Hundebesitzerin weiter. Wen mag sie danach angesteckt haben mit guter Laune? – Mein Vater pflegt im Restaurant manchmal augenzwinkernd zum Kellner zu sagen: »Das haben Sie aber gut gekocht!« Und sogleich macht auch dem Kellner seine Arbeit mehr Spaß und er behandelt die anderen Gäste ebenfalls charmant und freundlich.

Einmal lief mir ein junges Pärchen nach, als ich gerade vom Geldautomaten kam. Ich hatte die Scheine in der Eile nicht herausgezogen. Das Pärchen drückte sie mir lächelnd in die Hand. Ich war sprachlos.

Auch ich neige im Alltag viel zu oft zur Ungeduld, versuche, mich schnell noch vorzudrängeln, weil ich denke, ich hätte es eiliger. Aber wie groß ist der Unterschied, wenn ich mich anders verhalte.

»Den Himmel erlangen oder verlieren wir nicht durch dramatische Taten, sondern durch die einfachen Handlungen des täglichen Lebens.«
Alan Cohen

Noch einmal an der Supermarktkasse: Vor mir eine schwerbehinderte Frau, die nur mit viel Mühe die Einkäufe in ihrem Rollstuhl verstauen kann. Die Kassiererin wirft mir einen entschuldigenden Blick zu, dann steht sie auf und hilft der Frau kurz, indem sie die eingescannten Waren gleich in einen Beutel packt. Ich nicke lächelnd. Als ich an der Reihe bin, sagt die Kassiererin: »Das ist schön, dass es auch mal solche freundlichen Kundinnen wie Sie gibt. Viele andere wären jetzt böse geworden, wenn es länger dauert, weil ich der Frau noch helfe. Aber Sie waren so entspannt!« Da schäme ich mich fast beim Gedanken an die vielen anderen Male, wo ich selbst ungeduldig und grantig an der Kasse stand. Und ich gehe ganz leichten Herzens von dannen.

Das Herz aufmachen

Freundlichkeit und Mitgefühl liegen nah beieinander. Sie öffnen unser Herz für die Welt. Sie machen uns berührbar und gleichzeitig gelassen und stark. Im Buddhismus gelten Freundlichkeit und Mitgefühl als zwei der vier »heilsamen Haltungen« oder auch »himmlischen Gefühle«. Diese vier Haltungen sind: Freundlichkeit/Liebe, Mitgefühl, Freude/Mitfreude und Gleichmut/Heitere Gelassenheit. Die vier »himmlischen Gefühle« gelten allen Buddhist/innen als Ausdruck tiefer Weisheit des Herzens und Wegweiser zu einem ethisch richtigen Leben.
Auch Jesus hat nicht gepredigt: »Selig sind die Durchsetzungsfähigen«. Sondern »Selig sind die Sanftmütigen«. Diese Worte öffnen den Blick auf eine im Alltag lebbare Utopie. Wenn wir freundlich und mitfühlend miteinander umgehen, gehört uns ein Stückchen vom Himmelreich nämlich schon jetzt. Und zwar keineswegs, weil wir uns so altruistisch für andere »aufopfern«. Sondern weil es uns selbst guttut, freundlich zu sein. **Zahlreiche psychologische Studien belegen, dass das eigene Verhalten einen wesentlich nachhaltigeren Einfluss auf**

dein Wohlbefinden hat als das Verhalten von anderen. Wenn andere freundlich zu dir sind, ist das zwar schön, aber du vergisst es auch schnell. Bist du selbst aber freundlich zu anderen, fühlst du dich nachhaltig besser.
Ein Sprichwort sagt:

»Die Welt ist kein Fenster, die Welt ist ein Spiegel.«

Wir sehen immer uns selbst darin. Sind wir selbst ungeduldig und missgünstig, habgierig und unachtsam, sehen wir genau das permanent in der Welt. Wir »müssen« uns dann ständig über unsere Mitmenschen ärgern, werden übervorteilt, übersehen, böswillig behandelt. Wenn wir aber einen gütigen, sanftmütigen, freundlichen Blick auf die Welt werfen, werden wir allerorten auf Ermutigendes stoßen. Und das brauchen wir, denn die Welt ist eben sowohl hell als auch dunkel. Also tun wir gut daran, selbst etwas Helligkeit im Herzen zu tragen. Dieses Licht kann Freundlichkeit heißen. Ja, es ist fragil. Aber was soll's. Wir können es jeden Tag neu anzünden. Und manchmal bekommen wir es geschenkt: Am 23. Dezember fuhr ich bei Nieselregen mit dem Bus durch einen grauen Hamburger Vorort. An einer Haltestelle stieg eine Gruppe von Männern und Frauen ein, die von ihrer Arbeit in der dortigen Werkstatt für Behinderte kamen. Ihr vergnügtes Geplauder veränderte sofort die Atmosphäre im ganzen Bus. Als sie, wenige Haltestellen später, wieder ausstiegen, breitete einer der Männer an der Tür die Arme aus, strahlte uns alle an und rief laut: »Ich wünsche Ihnen allen ein frohes Fest!« Was für ein kraftvoller Segen der Freundlichkeit.

Freundlichkeit im Alltag

- Beobachte einen ganzen Tag lang deine Interaktionen: Sind sie freundlich, neutral oder destruktiv?
- Übe dich am nächsten Tag bewusst darin, freundlich zu anderen zu sein. Schau hin, wo du hilfsbereit und mitfühlend handeln kannst statt ungeduldig oder passiv abwartend.
- Lasse ganz bewusst jemanden vor, wenn du in einer Schlange wartest, sei es im Supermarkt oder im Stau.
- Unterhalte dich mit einem alten Menschen, wenn du die Gelegenheit hast. Bedanke dich hinterher für das Gespräch.
- Lächle von Zeit zu Zeit jemanden an.
- Nimm bewusst wahr, wie sich deine Wahrnehmung von der Welt verändert, wenn du ihr mitfühlend und freundlich begegnest.

Kontakt zu TIEREN *pflegen*

Tiere können unsere wahren Meister darin sein, im Hier und Jetzt zu leben. Sie tun mühelos das, was viele von uns überhaupt nicht mehr können: ganz und gar im Augenblick präsent sein. Ihr gesamtes Denken und Fühlen ist HIER und JETZT. Sie hadern weder gedanklich mit der Vergangenheit, noch haben sie Angst vor dem Kommenden. Sie sind einfach DA.

Sie räkeln sich träge in der Sonne. Sie wittern etwas Interessantes und stürmen los. Sie sind in Kuschellaune und reiben ihr Köpfchen in deiner Hand. Das macht den Kontakt mit Tieren für uns Menschen so heilsam – gerade in schwierigen Zeiten, wo wir uns von Grübeleien schier »auffressen« lassen.

Anne besucht, wenn es ihr seelisch nicht gut geht, ein Pferd. Immer dasselbe Pferd, das auf einer Weide unweit ihres Wohnhauses grast. Sie stellt sich einfach an den Zaun und betrachtet das Pferd. Oft kommt es dann auch angelaufen und lässt sich streicheln. Eine tiefe Ruhe spürt Anne in diesen Augenblicken. Als würde die innere Ausgeglichenheit des Tieres auf sie übergehen.

Füreinander da sein

Das erleben viele Menschen so im Kontakt mit Tieren. Sie haben das Gefühl, sie könnten ihren Geist mit dem des Tieres verschmelzen. Tatsächlich sind viele Tiere auch höchst empathiebegabt. Sie erspüren unsere Gefühle ganz unmittelbar. Schon öfter habe ich gesehen, wie Hunde sanft ihren Kopf auf das Knie ihres weinenden Herrchens oder Frauchens gelegt haben und dieses mitfühlend beäugten. Auch Katzen können sich in dieser Weise verhalten.
Kurz nach meinem Universitätsexamen hütete ich für zwei Wochen die Katze meiner Schwester. Telse war ein sehr scheues Tier, das normalerweise unsichtbar blieb, wenn Fremde in der Wohnung waren. Die ersten Abende bekam ich die Katze überhaupt nicht zu Gesicht, wenn ich zum Füttern herüberkam. Eines Tages entdeckte ich im Wohnzimmer eine CD, die ich mochte, und setzte mich ein wenig auf das Sofa, um sie mir anzuhören. Während ich dort alleine der Musik lauschte, wurde mir die extreme Anspannung bewusst, unter der ich in den zurückliegenden Examensmonaten gestanden hatte. Ich spürte meine totale Erschöpfung, mein Ausgelaugtsein, meine seelische Vereinsamung. Tränen begannen mir über das Gesicht zu laufen. Da betrat Telse lautlos den Raum. Sie sprang auf einen Korbsessel mir direkt gegenüber, setzte sich aufrecht hin und blickte mich an. Ganz ruhig und aufmerksam sah sie mir zu, wie ich weinte, eine ganze Weile. Als ich mich ein wenig beruhigt hatte, verließ sie ihren Platz und kam zu mir aufs Sofa, um sich auf meinem Schoß einzurollen. In dem Moment, als ich meine Hände in ihr weiches Fell grub, fühlte

ich mich ungeheuer getröstet. Mir wurde klar, dass auch die Katze sich einsam gefühlt haben musste all die Tage in der leeren Wohnung. Man könnte sagen: Das hätte auch keine Therapeutin besser gekonnt. Telse hat meinen Schmerz mit mir angesehen und ausgehalten, ohne irgendetwas bewerten oder wegreden zu wollen. Sie hat ihr schlichtes Mitgefühl zum Ausdruck gebracht. Ohne ein einziges Wort hat sie mir dadurch echten Trost geschenkt.

Lina, 49, die schwere depressive Episoden erlebt hat und mehrere Suizidversuche, verdankt ihren zwei Hunden ihr Leben, sagt sie. Seit sie die Tiere vor sechs Jahren bei sich aufgenommen hat, geht Lina wesentlich stabiler durch schwierige Phasen. Allein die Tatsache, dass sie jeden Morgen aufstehen *muss*, um mit den Hunden rauszugehen, gibt ihrem Tag eine Struktur, einen Rahmen. Die Hunde brauchen sie und möchten »bekuschelt« werden, sie freuen sich über Kleinigkeiten und beziehen Lina auf ihre Art immer wieder ein ins Leben.

Gerade für Menschen, die keine eigenen Kinder haben, können Tiere wunderbare Begleiter und »Lebensgefährten« sein. Ein kinderloses Paar aus meinem Freundeskreis lebt in einem großen Haus mit vier Hunden, um die sich die beiden rührend kümmern. Wenn einer der Hunde stirbt, nehmen sie nach einer Weile einen neuen auf, meist aus dem Tierheim, einmal sogar einen ehemaligen Straßenhund, den sie extra in Spanien abgeholt haben. Die Verbundenheit mit den Tieren tut auch der Beziehung des Paares gut. Sie sorgen sich gemeinsam um die Hunde und erleben gleichsam viele Momente des Glücks, gerade in der Eingewöhnungsphase, wenn ein neuer Hund langsam zu ihnen Vertrauen fasst. **Sich um andere Wesen zu kümmern scheint ein menschliches Grundbedürfnis zu sein.** Alte Menschen, die sich noch »gebraucht« fühlen, sind wesentlich glücklicher und zufriedener als solche, die den Eindruck haben, der Welt nur noch zur Last zu fallen. Und wer nun mal keine Enkelschar hat, der oder die kann auch mit einer Katzenschar glücklich werden! Warum nicht?

Mehr VERWEGENHEIT riskieren

In unserem täglichen Streben nach Selbstoptimierung und Ressourcensicherung vergessen wir viel zu oft, dass die herrlichste Lebenslust dort auf uns wartet, wo wir kein bisschen vernünftig, angepasst und zielorientiert handeln.

Heute im Park schleppt ein ganz kleines Mädchen mit stolzer Miene einen riesigen Stock heran. Seine Oma nickt anerkennend und meint: »Na, du bist ja verwegen!« Dieses ungewöhnliche Kompliment, zumal für ein kleines *Mädchen*, macht mich lächeln. Keine 100 Meter weiter sitzen auf einer Bank zwei junge, offenbar muslimische Frauen mit Kopftuch. Alleine. Sie blicken sich um und kichern – ein bisschen triumphierend, und ja, verwegen kommen sie sich wohl auch vor. Richtig ansteckend ist dieses Lachen, dieser Hauch von Übermut, dieses Austesten und Genießen der eigenen Stärke.

Mut zum Abenteuer

Draufgängerisch, kühn, Risiken eingehend, gewagt, all das bedeutet »verwegen«. Es kommt vom mittelhochdeutschen Verb »sich verwegen«, das »sich entschließen« bedeutet. Wer nicht zaudert, sondern sich entschließt, ein Risiko einzugehen, der wird dafür belohnt mit Herzklopfen, leuchtenden Augen und einem

gehörigen Adrenalinschub. Wer etwas Verwegenes tun will, muss dafür Ängste überwinden, Grenzen überschreiten. Ohne männlichen Begleitschutz auf dieser Bank zu sitzen, das ist für die zwei jungen Frauen mit Kopftuch sicher keine Selbstverständlichkeit. Vielleicht riskieren sie sogar Ärger mit ihren Familien, wenn sie so gesehen werden. Aber fest steht: Sie haben großen Spaß bei ihrem kleinen Abenteuer!
Je älter wir werden, desto mehr neigen die meisten von uns dazu, alles, was wir tun, vorher durchzuplanen und durchzukalkulieren. Wir verlassen nur noch in wetterfesten Outdoor-Jacken das Haus, da es ja regnen könnte, fahren »sicherheitshalber« mit dem Auto zur Party in die Stadt, obwohl wir dann nichts trinken können, und organisieren schon mal den Shuttle vom Flughafen ins Ferienhotel, damit wir auch ja nicht vom einheimischen Taxifahrer abgezockt werden. Was wir dadurch nicht mehr erleben ist: Von einem Sommergewitter auf dem Fahrrad überrascht werden und schallend lachen beim Durchnässtwerden, auf einer Tanzparty trinken und flirten, bis die erste U-Bahn wieder fährt, und vom einheimischen Taxifahrer zu seiner Familie eingeladen werden. Es ist nicht so, dass wir das alles nicht mehr *könnten*. Sondern **wir entscheiden uns ständig für Sicherheit statt Verwegenheit und beschneiden dadurch unseren Erlebnishorizont immer weiter, bis wir in Routinen so erstarrt sind, dass nichts Lebendiges mehr Platz darin hat.**

Ich kenne ältere Menschen, die ab 19:00 Uhr grundsätzlich nicht mehr mit der Außenwelt kommunizieren können, weil sie dann vor dem Fernseher sitzen. 365 Tage im Jahr, nur Urlaubsreisen ausgenommen. Ihnen fällt gar nicht mehr auf, dass die Routine längst zum Zwang geworden ist.
Aber auch 20-jährige Pärchen buchen schon Pauschalreisen in europäische Großstädte, statt diese auf eigene Faust zu erkunden und sich auf Überraschungen und Abenteuer einzulassen. Und falls doch ein selbstorganisierter Trip stattfindet, wird vorher jede Location akribisch gegoogelt und anhand von Gästebewertungen im Internet überprüft, ob sie einen Besuch überhaupt »wert« sei.
Dabei *können* wir natürlich auch anders!

Letzten Samstag fuhr ich spontan ganz alleine zu einer privat organisierten, in einem Berliner Loft stattfindenden Party, von der ich nur zufällig über eine Facebook-Seite erfahren hatte. Es gab dort kleine Einführungen in verschiedene improvisierte Tanzstile, alles auf Englisch, und jede Menge spannende, ungewöhnliche, schöne und schräge Menschen. Ich tanzte viele Stunden, probierte alles Mögliche Neue aus, führte lustige kleine Gespräche und ging spät nachts mit glühenden Wangen nach Hause. All dies hätte ich niemals erlebt, wäre ich nicht so verwegen gewesen, mich alleine an einen Ort zu begeben, der mir nur virtuell durch verschlungene soziale Netzwerke zu Gehör gekommen war.

Ein Sprichwort sagt: »Am Ende seines Lebens bereut man vor allem die Dinge, die man NICHT getan hat!« Trau dich doch lieber!

Verwegene Entscheidungen treffen wir meist spontan – auch wenn bis zu ihrer Umsetzung manchmal noch Zeit vergeht. Mein dänischer Kollege Jonas hat im Jahr seiner Verrentung zusammen mit seiner Frau und zwei anderen Paaren über 60 ein riesiges altes Gehöft in Süd-Jütland gekauft. Dort werkeln sie nun gemeinsam kreativ, haben Kinder und Enkelkinder zu Besuch, genießen die Ruhe der Landschaft oder feiern große und kleine Feste. Ja, es war eine verwegene Entscheidung für die drei Paare, ihr gesamtes Vermögen zusammen einzusetzen, um dieses Gut zu kaufen. Sie sind dabei gehörige Risiken eingegangen. Aber ich habe nicht den Eindruck, dass Jonas, seine Frau oder einer der anderen es je bereut hätte.

Manchmal befürchten wir, verwegene Aktionen könnten unser Leben in zu große Instabilität führen. Eine Klientin von mir äußerte einmal bedrückt: »Ich weiß nicht, also wenn ich wirklich *meinen* Impulsen folgen würde, gefährde ich dann nicht meine Ehe?« Diese Angst erweist sich in der Realität oft als unbegründet.

Die verheiratete Maren, 44, Mutter von drei halbwüchsigen Kindern und Vollzeit an der Uni tätig, traf die verwegene Entscheidung, einen dreiwöchigen USA-Urlaub ohne ihre Familie zu planen. Sie freute sich sehr auf diese Reise, hatte aber auch Ängste, was diese Trennung von ihrem gewohnten Leben mit ihr machen würde. Und was passierte? Am Strand von Kalifornien dachte sie an ihren Mann, ihr Häuschen und ihre Kinder und fühlte sich von Liebe nur so durchströmt. Unter dem freien blauen Himmel Kaliforniens wurde ihr klar: Ich führe zu Hause genau das Leben, das ich liebe.

Wenn wir die ausgetretenen Pfade, oder besser gesagt die »Autobahnen«, des Lebens einmal mutig verlassen und uns seitwärts in die Büsche schlagen, treffen wir mit Sicherheit über kurz oder lang eines: uns selbst.
Auch deshalb kostet Verwegenheit Mut. Nicht nur, weil wir um unsere Bequemlichkeit fürchten oder gar ernsthaft um Leib und Leben. Nein, auch, weil wir uns unbewusst davor fürchten, anderswo plötzlich auf ein viel besseres Leben zu stoßen als das, das wir führen. Und was dann?!

Karla, 28, hatte vier Jahre lang sehnsüchtig auf einen Studienplatz in Medizin gewartet. Als sie ihn endlich hatte, stellte sie nach zwei Semestern fest, dass sie todunglücklich mit ihrem Leben war. Sie schmiss den Studienplatz sowie ihren Studentenjob hin, kratzte alle Ersparnisse zusammen und flog nach Australien, wo sie jetzt seit anderthalb Jahren auf einer Erdbeerfarm arbeitet. Ihren Statusmeldungen und Fotos auf Facebook nach scheint sie dort sehr glücklich zu sein.

Oscar Wilde wird der Ausspruch zugeschrieben:

»Es ist ganz leicht, sich wieder jung zu fühlen! Man muss einfach nur noch einmal die gleichen Fehler machen wie damals!«

Verwegenheit ist auch die Bereitschaft, Fehler zu riskieren. Auf geht's! Machen wir Fehler, alte und neue!

- Versuch dich zu erinnern: Wann hast du dich das letzte Mal ein bisschen verwegen gefühlt? Was hast du da gemacht? Wie hast du dich hinterher gefühlt? Was hat die verwegene Aktion vielleicht in deinem Leben angestoßen?

- Welche verwegenen Aktionen hast du bei deinen Freundinnen oder Freunden schon bewundert? Bei welcher Gelegenheit warst du vielleicht ein bisschen neidisch, dass jemand aus deinem Umfeld sich etwas traut, was du dich damals nicht getraut hättest?

- Welche kleine Verwegenheit könntest du innerhalb eines Monats spaßeshalber einmal ausprobieren?

»MAN LEBT NUR EINMAL.
Aber wenn du es *richtig* machst,
dann reicht das auch!«

Mae West

Als Single GLÜCKLICH sein

In den Medien liest und hört man es: Ehepaare sind glücklicher, gesünder und leben länger als Singles. Stimmt das wirklich? Nein!

Nimmt man die entsprechenden Untersuchungen genauer unter die Lupe, wird klar, dass diese Behauptungen lediglich für über 70-jährige *Männer* aus Industrieländern zutreffen. Das mag nicht verwundern: Männer dieser Generation haben häufig nie gelernt, sich eine anständige Mahlzeit selbst zu kochen, sich um ihre Gesundheit zu kümmern oder Sozialkontakte zu knüpfen und zu pflegen. Dass *diese* Männer ohne Ehefrau ziemlich aufgeschmissen sind, ist klar. Für alle anderen Singles ist der Mythos vom zwingend schlechteren Leben Quatsch. Im Gegenteil haben Ordensschwestern und Diakonissen die höchste Lebenserwartung, also Frauen, die ihr ganzes Leben der Arbeit und der Kontemplation gewidmet haben und gänzlich ohne treusorgenden Ehemann auskommen – auch wenn man sie nicht unbedingt als klassische »Singles« bezeichnen würde!

Andererseits ist auch die Stilisierung des Single-Lebens zum bohemen Freiheitsparadies ziemlich übertrieben – und spiegelt in den seltensten Fällen das Lebensgefühl der ohne Partner/in lebenden Menschen wieder.

Du bist nicht »mangelhaft« als Single!

Singles wird oft ein Habitus von Oberflächlichkeit und Promiskuität unterstellt. Die Wirklichkeit sieht anders aus: Die Singles, die ich beruflich oder privat kenne, haben sich nur deshalb getrennt, weil sie unglücklich in ihrer Beziehung waren und dies als letzten Ausweg sahen. Andere sind schlicht und einfach verlassen worden. De facto ist mir jedenfalls niemand bekannt, der gesagt hätte: »Ach, in meiner Beziehung, das ist mir doch zu bieder, ich trenne mich mal lieber, damit ich stattdessen ein cooles Boheme-Leben führen kann.«
Obwohl alleinlebende Menschen oft selbstverantwortlich eine schwere Entscheidung getroffen haben und es ihnen in den meisten Fällen nach der Trennung besser geht, sind sie in den Augen der Außenwelt »Gescheiterte« – und oft auch in ihren eigenen Augen. Ich selbst

habe mich kürzlich dabei ertappt, wie ich einer frisch getrennten Frau spontan am liebsten kondoliert hätte – obwohl sie selbst erleichtert und froh über ihren Schritt war. Wie unsensibel von mir! Und das, obwohl ich selbst eine Scheidung hinter mir habe.

Das Klischee, dass man ohne Partner/in nur ein »halber Mensch« sei, sitzt tief in unseren Köpfen und Herzen. Wir schämen uns, auf einer Party als Einzige ohne Partner aufzutauchen, und bewegen auch heute noch heimlich in unseren Herzen die Angst, wir hätten nur deshalb »keinen abgekriegt«, weil irgendetwas mit uns nicht stimmt. Leider wird genau dieser defizitäre Gedanke von der derzeit vorherrschenden Selbstoptimierungs-Kultur aufs Schönste befördert. War es früher noch selbstverständlich, dass ein Single eben »noch nicht den Richtigen (oder die Richtige) gefunden« hatte, wird der Umstand des Alleinseins heute sofort misstrauisch beäugt – und als persönliches Defizit ausgelegt.

Die Botschaft ist klar: Du musst »an dir arbeiten.« Sogar gute Freundinnen und Freunde raten es dir gebetsmühlenartig: Du musst an dir arbeiten, dann klappt's auch mit einer Partnerschaft. Den meisten Menschen, die so etwas raten, ist gar nicht bewusst, dass sie damit gleichzeitig die Botschaft kommunizieren: »An dir ist etwas nicht gut genug, und deshalb bist du Single.« Eine verletzende Botschaft ist das, die jede Alleinstehende mitten ins Herz trifft. Was für ein Labsal für die Seele ist es da, mal das Gegenteil zu hören. Als ich einmal an einem grässlichen Singleblues-Sonntagabend am Telefon meinen besten Freund vollheulte: »Was mach ich bloß falsch, Tim?«, sagte er ebenso liebevoll wie trocken:
»Gar nichts. Du machst gar nichts falsch, Ruth.« Da musste ich buchstäblich lachen und weinen gleichzeitig.

Ein anderes Klischee diagnostiziert Singles absurd überhöhte Ansprüche, gepaart mit neurotischen Bindungsängsten. Mit geradezu ideologischem Eifer wird Singles in einigen psychologischen Ratgebern jede Möglichkeit zum glücklichen Leben abgesprochen, sie werden als unreife und verblendete ewig Suchende abgestempelt.

Christiane Rösinger hingegen bietet in ihrem äußerst amüsanten Buch *Liebe wird oft überbewertet* eine leidenschaftlich polemische Abrechnung mit dem »Dogma« der »RZB« (Romantische Zweierbeziehung):

»Eines aber steht ohne Zweifel fest: Das Pärchentum bringt immer die schlechtesten Eigenschaften des Einzelnen nach oben und produziert deshalb am laufenden Band unglückliche Paare, die wie geprügelte Hunde nebeneinander durchs Leben schleichen. (...) Menschen, die wie Steine nebeneinander sitzen, die in Pizzerien verzweifelt das Besteck streicheln, um sich nicht anschauen und miteinander sprechen zu müssen.«

Wer aber die »Paarideologie« in Frage stellt, der bekommt, wie Rösinger schildert, die volle Breitseite: »Denn jedes Pärchen, ist es auch noch so unglücklich, kann noch mitleidig auf die Alleinlebenden schauen, und auch wenn autonom lebende Menschen manchmal insgeheim von den wandelnden Pärchenhöllen beneidet werden, sie verstecken den Neid gut und machen ihre Ambivalenzen mit sich alleine aus.« Kein Wunder also, dass Singles ständig das Bedürfnis haben, sich zu rechtfertigen. Es ist nicht schön, die ganze Zeit bemitleidet zu werden, schon gar nicht, wenn es »von oben herab« geschieht in Form einer Belehrung durch selbst seit langem in Beziehung lebenden Menschen.

Diese Art von Mitleid macht es den Singles unnötig schwer, offen darüber zu sprechen, wenn es ihnen eine Weile wirklich nicht gut geht mit dem Alleinesein. **Denn genauso, wie keine Partnerschaft immer nur glücklich ist, ist kein Single-Leben immer nur lustig.** Es treten Phasen von Einsamkeit und Traurigkeit auf. Viele vermissen nach einer Weile schmerzlich die Intimität und Vertrautheit mit einem anderen Menschen, das Kuscheln, Knutschen, Sex. Besonders schwierig ist es manchmal, wenn Singles krank werden. Vielen in Beziehung lebenden Menschen fehlt dann völlig der Blick dafür, wie es ist, wenn da eben niemand ist, der einem jetzt eine Suppe kocht, Taschentücher einkaufen geht und einem abends eine Geschichte vorliest. Es ist sehr wichtig, auch über solche »Dürreperioden« mit vertrauten Freundinnen und Freunden offen sprechen zu können.

Mit Menschen, die dann nicht zu dir sagen: »Oh Gott, bin ich froh, nicht in deiner Haut zu stecken. *Ich* würde mich *nie* von Hans-Egon trennen!« Sondern die dir erstens Hilfe anbieten (Taschentücher kaufen!), dich zweitens ebenso aufrichtig an den Vor- und Nachteilen ihres Beziehungslebens teilhaben lassen und dich drittens auch selbst mal um Hilfe bitten, wenn sie in einer schwierigen Situation stecken. Denn nichts ist für Singles schlimmer als Bekannte, die einem vermitteln: Seit ich eine Beziehung habe, habe ich ja Gott sei Dank *keine* Probleme mehr!

Schirm aufspannen und los!

Es hat sich vielfach bewährt, mit dem Single-Dasein ungefähr so pragmatisch umzugehen wie mit dem Wetter. Da wir es uns nicht unbedingt ausgesucht haben, müssen wir uns auch nicht dafür rechtfertigen. Wir müssen es auch nicht euphorisch bejubeln und schönreden. Ob wir es gerade mögen oder nicht – es ist DA. Krampfhafte Versuche, es zu ändern, sind völlig sinnlos. Es ändert sich sowieso nur von selbst, und nicht, weil wir es wollen. Wie das Wetter eben. **Ebenso, wie wir auch bei Regenwetter noch versuchen können, einen angenehmen Tag zu haben, kannst du dich auch in schwierigen Single-Phasen immer wieder fragen: Wie kann ich mir das so erfreulich wie möglich gestalten?** Wie kann ich das Leben, das ich *jetzt* habe, so gut wie möglich genießen? Letztlich ist es wie beim Poker: Das Leben gibt dir ein Set Karten auf die Hand. Du hast keine anderen, du musst mit *diesen* Karten das Spiel so gut wie möglich machen! Und von Zeit zu Zeit kannst du Gott sei Dank ein paar neue Karten ziehen.

»Ich hab's gut mit mir«
IDEEN FÜR SINGLES

Viele Singles leben in einem bunten Netzwerk aus lebendigen, warmen Beziehungen – und sind keineswegs einsamer als Paare.

- 1) Geh unter Menschen.
- 2) Geh unter Menschen.
- 3) Geh unter Menschen!
- Ohne Witz: Es ist nicht schön, sich einsam zu fühlen. Als Single bist du herausgefordert, deine Abende, Wochenenden, Feiertage und Urlaube aktiv selbst zu gestalten, und dazu gehört gute Planung. Bevor du ins nächste »Osterloch« oder »Pfingstloch« o.ä. fällst, telefoniere deine Freundinnen und Freunde durch und triff Verabredungen. Möglichst mindestens eine pro freiem Tag.
- Mit welchen lieben Menschen kannst du auch über deine gelegentliche Einsamkeit offen reden? Pflege diese Freundschaften unbedingt! Sie sind sehr wichtig für dich! Bedanke dich gelegentlich bei diesen Menschen für ihr Zuhören und ihr Für-dich-da-Sein.
- Beschäftige dich statt mit Partnersuche mit Dingen, die dir Spaß machen, dir am Herzen liegen, dich ausfüllen, dich weiterbringen. Und das am besten zusammen mit anderen Menschen.
- Ein schöner Spruch sagt: »Manchmal kommt das Glück durch eine Tür, von der man gar nicht mehr wusste, dass man sie offen gelassen hat.« Lass Türen offen – viele! Halte es immer für möglich, dass du einem neuen Menschen begegnen und dich neu verlieben kannst, egal, wie alt du bist.

Lebendige LIEBESBEZIEHUNGEN *leben*

Die meisten Menschen wünschen es sich: über lange Zeit in einer glücklichen Beziehung leben. Liebe gestalten über die erste Verliebtheit hinaus. So interessiere ich mich seit vielen Jahren für das Geheimnis jener Beziehungen in meinem persönlichen und beruflichen Umfeld, die ich als glücklich bezeichnen würde.

Es sind diese (wenigen!) Paare, wo ich mit *beiden zusammen* gerne Zeit verbringe. Sie pflegen einen natürlichen Umgangston, wirken aufgeschlossen, lebendig und gelassen mit einander und mit anderen. Das ist das, was ich als *harmonisch* bezeichnen würde.
Wie bei zwei Musikinstrumenten bedeutet harmonisch nicht, dass immer nur zuckersüße Dur-Akkorde erklingen. Auch tieftraurige Moll-Stücke sind möglich, kurze Dissonanzen, dramatischere, schnelle Passagen. Aber das Klangbild bleibt klar und »vertrauenswürdig«. Diese Paare sind sehr verschieden, es sind welche mit und ohne Trauschein oder Kinder dabei, ein schwules Paar. Sie sind zwischen vier und 30 Jahren zusammen, also definitiv jenseits des ersten Verliebtheitsflashs. Es ist aber nicht die *Dauer* der Beziehung, die ich hier zum (unrepräsentativen) Maßstab von »glücklich« machen möchte, sondern bestimmte Beziehungs*qualitäten*.

Offenheit

Paare, die glücklich wirken, schotten sich nicht ab. Ihr Glücklichsein gibt ihnen ein weites Herz, in dem viele andere Menschen Platz haben.
Maren und Bernd bewohnen mit ihren drei halbwüchsigen Kindern ein kleines altes Häuschen. Wer immer zu Besuch kommt, fühlt sich hier willkommen. Die Kinder bringen spontan ihre Freundinnen und Freunde mit, manchmal ist es ein wildes Gewusel zwischen Garten und Kinderzimmern, nicht immer ist klar, wie viele Menschen zum Essen bleiben. Darauf ist man eingerichtet, der Esstisch ist riesig, notfalls finden hier elf Personen Platz!

Authentizität

Bei denjenigen Menschen, die in glücklichen Verbindungen leben, habe ich nie das Gefühl, sie präsentierten mir nur eine klebrige Hollywood-Glücks-Fassade. Im Gegenteil lassen sie mich ganz ehrlich Anteil nehmen an den Höhen und Tiefen ihrer Beziehungen. Sie erzählen, wie sie sich auch manchmal übereinander ärgern oder enttäuscht sind, dass sie streiten, sich auf den Geist gehen und dann doch sehr vermissen, wenn der andere einmal länger weg ist. Sie wissen, dass Konflikte zur Liebe dazugehören, und haben es nicht nötig, mich (oder gar sich selbst) zu belügen und irgendetwas »schönzureden«. Das Gegenteil beschreibt Rösinger so: »Dort, wo die größte Einigkeit vorgeführt werden muss, kriselt es am heftigsten im Pärchenhimmel.«

Eros

Von genau jenen langjährigen Paaren, die noch glücklich miteinander wirken, weiß ich, dass sie einander noch begehren. Nicht jedes dieser Paare hat noch jede Woche Sex. Vielleicht auch nicht jeden Monat. Aber es besteht nach wie vor ein waches erotisches Interesse aneinander. Diese Paare nehmen sich nicht als »Mutti« und »Vati« wahr, sondern als Mann und Frau. (Oder eben Mann und Mann!) Und das zeigen sie einander auch. Sie bemerken, wenn der oder die andere sich für eine Party schick gemacht hat, und machen sich liebevolle kleine Komplimente. Sie probieren immer noch neue Sachen im Bett aus und sprechen darüber, wenn die Phasen ohne Sex zu lang werden.

Autonomie

Menschen in guten, stabilen Beziehungen tun auch gern Dinge alleine, ohne Partner/in. Sie pflegen persönliche Hobbys, Interessen und Freundschaften, verreisen gelegentlich alleine und genießen das. Sie brauchen den anderen nicht ständig um sich, um sich wohl zu fühlen. Und genau dadurch haben sie sich auch immer wieder etwas zu erzählen, können sich gegenseitig von etwas berichten, sich um Rat fragen. Nur, wenn der andere ein »Gegenüber« bleibt, das vom eigenen Selbst auch trennbar ist, kann er ein Partner/eine Partnerin sein. Sonst wird man sich gegenseitig zum Schatten.

Gemeinsame Werte und Interessen

Die glücklichen Paare in meinem Umfeld teilen leidenschaftlich gemeinsame Interessen. Tim und Ole lieben Kunst, sie sind jedes Wochenende auf irgendeiner spannenden Ausstellungseröffnung zu finden. Karin und Olaf sind beide Musiker. Sie können ganze Abende miteinander Musik machen, inzwischen auch schon mit ihren Kindern. Wolfgang und Ursula haben sich dem gesellschaftspolitischen Engagement gewidmet und engagieren sich im Umweltschutz, jetzt wieder vermehrt, seit die Kinder aus dem Haus sind. Diese Paare verbindet mehr als nur »Trautes Heim, Glück allein«. Sie teilen eine Leidenschaft miteinander, die ihrer Beziehung immer wieder neue Lebendigkeit und Tiefe verleiht.

Auffällig scheint mir, wie aktiv und selbstverantwortlich diese Menschen ihre Beziehungen führen. Diese Paare haben nicht einfach nur »den Richtigen« oder »die Richtige« gefunden und setzen sich mit diesem »Besitz« zur Ruhe. Sondern sie *gestalten* ihre Liebe, wach und immer neu. Sie praktizieren Selbstfürsorge – und Beziehungsfürsorge. Sie laufen weder irgendwelchen abgeschmackten Pärchenidealen hinterher, noch vermüden sie jeden Abend auf dem Sofa nebeneinander. Sie erwarten weder, dass der andere alle ihre Bedürfnisse erfüllen kann, noch dass es in einer Beziehung immer harmonisch ist. Allen diesen Paaren ist bewusst, dass Liebe fragil ist und es keine Garantien für ewiges Zusammensein gibt. Keines dieser Paare würde vollmundig verkünden: »Also wir würden uns ja *nie* trennen.« Im Gegenteil: Sie wissen, dass der andere ein Geschenk ist, das auch eines Tages gehen könnte. Deshalb sind sie wach und dankbar. Sie wissen: Eine Beziehung ist kein steinernes Haus. Sie ist ein lebendiges Pflänzchen, das mit Achtsamkeit und Liebe gepflegt sein will. Auch, wenn sie schon ein Baum geworden ist.

Der Dichter und Philosoph Khalil Gibran beschreibt eine ganz ähnliche Vision von der Liebe in »Der Prophet«:

Liebt einander, aber macht die Liebe
nicht zur Fessel:

Lasst sie eher ein wogendes Meer zwischen
den Ufern eurer Seelen sein.

Füllt einander den Becher, aber trinkt
nicht aus einem Becher.

Gebt einander von eurem Brot, aber esst
nicht vom selben Laib.

Singt und tanzt zusammen und seid fröhlich,
aber lasst jeden von euch allein sein,

So wie die Saiten einer Laute allein sind und
doch von derselben Musik erzittern.

Gebt eure Herzen, aber nicht in des
anderen Obhut.

Denn nur die Hand des Lebens kann
eure Herzen umfassen.

Und steht zusammen, doch nicht zu nah:

Denn die Säulen des Tempels stehen für sich,

Und die Eiche und die Zypresse wachsen
nicht im Schatten der anderen.

Khalil Gibran

»Zusammen und doch nicht zu nah«
IDEEN FÜR MENSCHEN MIT PARTNERSCHAFT

Offenheit: Welche anderen Menschen spielen in eurer Beziehung/Familie eine Rolle? Mit wem pflegt ihr regelmäßig Kontakt, wer besucht euch, wer inspiriert euch und lässt euch teilhaben an seinem/ihrem Leben? Diese unkomplizierten gemeinsamen Außenkontakte sind wichtig! Sie bereichern euren Alltag und sorgen dafür, dass ihr nicht zum abgeschotteten symbiotischen System werdet.

Authentizität: Traust du dich, dir selbst, deinem Partner und auch Freund/innen gegenüber ehrlich zu sein auch über unbequeme Gefühle? Übe dich darin! Nur wenn *alle* Gefühle da sein dürfen, wirst du auch die wirklich schönen Momente spüren können. Sonst wird die Liebe wie mit Zuckerguss übergossen, atmet nicht mehr und erstarrt.

Eros: Zeigt ihr euch noch gegenseitig, dass ihr euch »sexy« findet? Tut es! Hört nicht auf damit! Erotische Selbstbestätigung tut unendlich gut und verleiht eurer Beziehung Glanz und Prickeln. Wenn dein Partner/deine Partnerin das nächste Mal nackt aus der Dusche kommt, SCHAU HIN! Gib ein Zeichen: Ich genieße es, dich so zu sehen.

Autonomie: Wann hast du das letzte Mal etwas Spannendes, Inspirierendes ohne deinen Partner unternommen? Überleg dir, was es sein könnte, und mach es diese Woche oder diesen Monat. Übe dich darin, deine eigene innere Welt zu pflegen, deine eigene Wahrnehmung, deine eigenen Gefühle zu spüren. Du wirst deinen Partner nur dann als spannenden Dialogpartner wahrnehmen können, wenn du auch eure Verschiedenheit wahrnehmen und aushalten kannst.

Gemeinsame Werte und Interessen: Was für ein gemeinsames »Projekt« habt ihr beiden zurzeit? Gut, kleine Kinder sind für eine Weile ein ausfüllendes Projekt. Aber gibt es noch mehr? In welche Tätigkeiten oder Unternehmungen könnt ihr richtig abtauchen, was inspiriert euch gemeinsam, wo erlebt ihr Begeisterung und »Flow« zusammen? Pflegt das! Richtet euch regelmäßige Termine ein, wo ihr diese Dinge zusammen praktiziert.

Freundschaften LEBEN *und gestalten*

Unsere Freundschaften sind unsere »Seelen-Versicherung« fürs Leben.

Machen wir uns nichts vor, jedem von uns kann alles passieren. Die Partnerin verlässt uns, die Firma geht insolvent, die Eltern sterben, wir bekommen eine schwere Krankheit. Gegen nichts davon können wir uns wirklich verwahren, es gibt keine Garantien für ein glückliches Leben.
Und doch können wir für solche Krisen Vorsorge treffen: Wir können unser Leben lang Energie, Zeit und Liebe in die Pflege unserer Freundschaften investieren.
Denn sie, unsere Freundinnen und Freunde, sind es, die uns nach der Scheidung die Umzugskisten schleppen, mit uns ein tröstendes Bierchen trinken gehen, uns beratend zur Seite stehen und solidarisch auf die Schulter klopfen, wenn unsere pubertierenden Kinder schlecht in der Schule werden. Unsere Freundinnen und Freunde werden es sein, die eines Tages mit uns am Grab unserer Ehepartner stehen.
Aber noch eine ganz andere Aufgabe erfüllen diese Weggefährten: Sie waschen uns den Kopf, wenn wir uns in eine Sache verrannt haben. Die Meinung von Freundinnen und Freunden kann ein unschätzbares Korrektiv sein. Immer wieder entkommen Menschen nur deshalb aus destruktiven Beziehungen, Süchten oder Selbstüberschätzungen, weil jemand ehrlich zu ihnen gesagt hat: Pass auf, du rennst gerade mit Volldampf in die falsche Richtung.
Während dies vielen jungen Menschen noch sehr bewusst ist und sie ihre Freundschaften achtsam und intensiv pflegen, werfen nicht wenige dann mit Ende 20 bei Einsetzen der Familiengründungsphase ihre einstigen Gefährtinnen und Gefährten weg wie schimmliges Brot. Verblendet von der Überzeugung, nun bei einem Menschen für immer das große »Lebensglück« gefunden zu haben, denken sie, sie bräuchten nun niemanden sonst mehr. Das ist ein fataler Irrtum!

Du brauchst in jeder Lebensphase mehrere vertraute Menschen, mit denen du dich austauschen kannst, bei denen du dir Rat holen kannst und die dich im Gegenzug an ihrem Leben Anteil nehmen lassen.

Nur so kannst du einen offenen Blick für die Nöte, aber auch die Kompetenzen und die Lösungskreativität anderer Menschen behalten. Dadurch bewahrst du dich vor einer Verengung des Blicks auf die heimische Sphäre, die letztlich in abhängig-symbiotisches Aneinanderklammern und nicht selten in großes Unglück führt.

Eine der ersten Fragen, die ich Menschen in meiner Praxis stelle, die mit ihrer Beziehung unglücklich sind, ist: Mit wem reden Sie darüber *außer* mit dem Partner/der Partnerin? Mit wem tauschen Sie sich aus, wer berät Sie bei Liebeskummer, wer geht Kaffee trinken mit Ihnen, wenn Sie überfordert sind? Oft kommen meine Klient/innen hier ins Grübeln, stellen bestürzt und traurig fest: Da ist gar niemand mehr. Früher, ja, da gab es sie, die guten Kumpels und besten Freundinnen. Aber nach fünf oder zehn oder 20 Jahren Beziehung? Wüste. Lass es nicht so weit kommen!

Du kannst jeden Tag etwas tun, um deine bestehenden Freundschaften zu aktivieren und zu pflegen. Und mit etwas Geduld können auch in jedem Lebensalter neue Freundschaften »nachwachsen«.

Der Nährboden, auf dem tragfähige Verbundenheit wächst, ist einerseits ein aufrichtiges Interesse am Gegenüber, seinem aktuellen Leben und Erleben, den Themen, die ihn beschäf-

tigen. Und andererseits die Bereitschaft, von sich selbst auch »Unfertiges« mitzuteilen, den anderen einzuladen, sich ganz akute, ungelöste Fragen und Probleme anzuhören.

Gar nicht förderlich für einen guten Kontakt ist es, den anderen immer nur als Gefäß für nörglerisches Sichauskotzen zu benutzen. Ebenfalls vergiftend auf das Klima wirkt, wenn du deine Mitmenschen stets zum Publikum für eine wohlfeile Selbstinszenierung deines »perfekten Lebens« machst.

Stattdessen geht es darum, eine authentische Mitte zu finden, wo beide Freundinnen oder Freunde gleichermaßen Schönes wie Schwieriges miteinander teilen können. Wo man ebenso gut lachen wie weinen kann, wo Leichtes und Schweres Platz hat, man gleichermaßen über Biersorten und Kinderbücher sprechen kann wie über Tod, Verlust und Liebe. Oder was *dich* eben beschäftigt!

Stärke deine Freundschaften

- Überlege dir fünf Menschen, an deren Freundschaft dir noch immer etwas liegt. Egal, wie weit diese Menschen weg wohnen oder wie lange du keinen Kontakt mehr zu ihnen hattest.

- Nimm zu allen fünf Kontakt auf. Schreib eine SMS, E-Mail oder Postkarte, ruf an, was immer dir passend erscheint.

- Wenn du keine Rückmeldung bekommst, hake so lange nach, bis es zu einem Telefongespräch oder einem Treffen kommt.

- Versuch jeden Tag eine Kleinigkeit zu tun, um eine dieser Freundschaften zu pflegen. Das kann eine SMS oder Facebook-Nachricht sein, ein Treffen, ein Gefallen, den du jemandem tust, oder nur ein Satz, den du einem langen Brief hinzufügst. Wenn du merkst, dass du deine Freundschaften mehrere Tage lang komplett aus dem Blick verloren hast, beginne einfach wieder damit.

- Bleib auch immer wach und offen für neue Freundschaften!

Strategien der *Selbstfürsorge*

Der folgende Fragebogen beruht auf einer Broschüre des Evangelischen Entwicklungsdienstes. Bitte schätze die Häufigkeit ein, mit der du die hier aufgeführten Möglichkeiten der Selbstfürsorge wahrnimmst.
Wo könntest du zukünftig aufmerksamer und fürsorglicher mit dir umgehen?

Körperliche Selbstfürsorge

- regelmäßig essen (dreimal am Tag)
- gesunde Ernährung
- Sport
- regelmäßige medizinische Vorsorge
- medizinische Versorgung, wenn es nötig ist
- nicht arbeiten, wenn du krank bist
- Massagen
- Tanzen, Schwimmen, Spazieren gehen, sportliche Spiele oder andere körperliche Aktivitäten, die Spaß machen
- dir Zeit für Sexualität nehmen (mit dir selbst oder mit Partner/in)
- genug Schlaf bekommen
- Kleidung tragen, die du magst
- Urlaub nehmen
- Tagesausflüge oder Kurzurlaub
- Zeiten ohne Telefon
- was noch?

Selbstfürsorge am Arbeitsplatz

- während eines Arbeitstages Pausen machen, dir Zeit nehmen, um mit Kolleg/innen zu plaudern
- dir Ruhe verschaffen, um etwas fertig zu machen
- Projekte und Aufgaben identifizieren, die interessant und lohnend sind
- Kolleg/innen gegenüber Grenzen setzen
- Beanspruchung ausbalancieren: darauf achten, dass es an einem Tag nicht zu viel wird
- den Arbeitsplatz angenehm gestalten
- auf deine Bedürfnisse achten
- was noch?

Emotionale Selbstfürsorge

- Zeit mit Menschen verbringen, deren Begleitung du genießt
- Kontakt halten mit wichtigen Personen in deinem Leben
- dich selbst bestätigen oder loben, dich selbst lieben
- Lieblingsbücher wieder lesen oder Lieblingsfilme noch mal anschauen
- Aktivitäten, Dinge, Menschen, Beziehungen, Orte kennen, die dir guttun und diese auch aufsuchen
- dir erlauben zu weinen
- Dinge finden, die dich zum Lachen bringen
- deine Empörung ausdrücken in sozialen Aktionen, Briefen, Spenden, Demonstrationen, Protest
- mit Kindern spielen
- was noch?

Balance

- auf Ausgleich innerhalb der Arbeit und des Arbeitstages achten
- auf ein Gleichgewicht im Verhältnis von Arbeit, Familie, Beziehungen, Spiel und Erholung achten
- was noch?

Spirituelle Selbstfürsorge

- dir Zeit für Reflexion nehmen
- Zeit in der Natur verbringen
- eine spirituelle Zugehörigkeit finden
- offen sein für Inspiration
- Optimismus und Hoffnung pflegen
- für die nicht-materiellen Dinge des Lebens offen sein
- offen sein dafür, etwas nicht zu wissen
- wissen, was für dich Bedeutung hat und dessen Platz in deinem Leben kennen
- Meditation
- Beten
- Singen
- Zeit mit Kindern verbringen
- Ehrfurcht erleben können
- zu einer Sache beitragen, an die du glaubst
- inspirierende Literatur lesen (oder Vorträge, Musik hören)
- was noch?

Psychologische Selbstfürsorge

- Zeit für Selbstreflexion haben
- Tagebuch schreiben
- Literatur lesen, die nichts mit der Arbeit zu tun hat
- etwas tun, wofür du nicht Expertin oder zuständig bist
- Belastungen reduzieren
- auf deine inneren Erfahrungen hören: auf Gedanken, Urteile, Überzeugungen, Einstellungen und Gefühle
- anderen verschiedene Seiten von dir zeigen
- intellektuelle Herausforderungen in neuen Bereichen suchen: Ausstellungen über Kunst oder Geschichte, Musik- oder Tanzveranstaltungen, Theater etc.
- von anderen nehmen können
- neugierig sein
- ab und zu Nein sagen zu zusätzlicher Verantwortung
- was noch?

Welche Bereiche sind für deine persönliche Selbstfürsorge noch wichtig?

aus: »Wenn die Welt zerbricht. Mit traumatischen Ereignissen umgehen«, EED Scriptum3, (leicht bearbeitet, Abdruck mit freundlicher Genehmigung)

Pass gut AUF DICH *auf*

In den Monaten, in denen ich an diesem Buch arbeitete, erkrankten meine beiden alten Eltern ganz unvorhergesehen kurz hintereinander schwer. Meine Welt stand Kopf. Der Abschied schien plötzlich zum Greifen nah. Über mehrere Wochen musste die Arbeit am Manuskript ruhen, ebenso wie vieles andere in meinem Leben.
Und doch hat diese Krise das Buch letztlich sehr bereichert. Es war, als habe das Leben mir selbst einen Crash-Kurs in vertiefter Selbstfürsorge verordnet. Ich konnte vieles anwenden, wovon dieses Buch handelt: fast fremde Menschen um Hilfe bitten, Trauer zulassen, meine Bedürfnisse aussprechen. Mich trotz des enormen Druckes gut um mich selbst kümmern, Verzichtbares loslassen. Ich erlebte, auf welche Menschen ich mich wirklich verlassen kann. Wie wichtig meine meditativen Geh-Runden im Park, genug Schlaf und regelmäßige Mahlzeiten für mein seelisches Gleichgewicht sind. Wie viel Halt und Stabilität mir meine Arbeit gibt. Und wie kostbar Momente von Lebensfreude sind, die ich auch in dieser schwierigen Zeit mit anderen Menschen zusammen erlebte. Das Wunder geschah, meine beiden Eltern wurden wieder gesund und konnten in ihr Häuschen zurückkehren. Ich freue mich jetzt über jeden Tag, den sie dort noch gemeinsam verbringen können.
So wurde mir noch einmal klar:

Selbstfürsorge ist kein »Luxusprodukt«, um das man sich irgendwann mal kümmern kann, wenn Zeit übrig ist.
Im Gegenteil: Es ist dein Notfallköfferchen. Dein Erste-Hilfe-Set.

Dieses Buch ist keine Glückspille. Es betäubt keinen Schmerz. Aber es kann dir immer wieder helfen, mit Zeiten von Belastung und Schmerz leichter und nachhaltiger fertig zu werden. Es kann dich inspirieren und dir Mut machen, nicht aufzugeben, sondern dich selbst, dein Leben und deine Beziehungen aktiv und selbstverantwortlich weiterzuentwickeln.
So wie einen kleinen Reiseführer kannst du es dir ins Regal stellen und immer wieder einmal hervorholen. Um dich an Schönes zu erinnern oder um dich vorzubereiten auf ein neues Wegstück.

Gute Reise!
wünscht dir deine

Ruth Knaup

Danksagung

Ohne die Unterstützung einiger Menschen wäre dieses Buch niemals möglich geworden.

Größter Dank gebührt meiner wunderbaren Lektorin Heike Mayer vom Scorpio Verlag. Sie ist eine Meisterin der wertschätzenden, konstruktiven Kritik. So hat sie das Manuskript im Dialog mit mir während des gesamten Entstehungsprozesses sorgfältig durchgekämmt und schließlich zusammen mit den ausdrucksstarken Fotos in seine endgültige Form gegossen.
Die Graphikerin Friederike Niemeyer hat das wunderschöne Layout entwickelt.
Meine weise Mentorin Sylvia Wetzel hat mich mit pragmatischen Schreibtipps und unerschütterlichem Humor motiviert, dieses Buch überhaupt zu beginnen.
Die Teilnehmer/innen meiner Workshops, Klient/innen, Kolleg/innen und Freund/innen haben mit ihren Geschichten ihre Lebensweisheit in dieses Buch einfließen lassen.
Annette, meine beste Freundin und Probeleserin, hat mich stets aufs Neue durch ihr liebevolles und hilfreiches Feedback zu den fertigen Kapiteln vorangebracht.
Frank hat mich in etlichen ausführlichen Telefoncoachings beraten und getröstet, wenn mir der Kittel brannte.
Meine Eltern Werner und Sabine sowie meine Schwester Judith haben mich in diesem Vorhaben mit wachem Interesse unterstützt und begleitet.
Gabriel und Nico haben mein stunden- und tagelanges Abtauchen in die Arbeit am Manuskript so viele Monate lang geduldig ausgehalten.
Ich danke euch allen von Herzen!

Über die Autorin

© Michael Lüder

Ruth Knaup ist Diplom-Psychologin und Psychotherapeutin (HPG). Sie ist als Dozentin für Psychologie, Kommunikation und Tanztheater, als Erwachsenenbildnerin, Tänzerin, Choreographin und als Supervisorin tätig. Seit vielen Jahren liegt einer ihrer Schwerpunkte auf der Arbeit mit Burnout-Betroffenen sowie einer wirksamen Prophylaxe durch die Entwicklung von gesunder Selbstfürsorge. Mit ihrem Sohn lebt sie in Potsdam.
www.ruthknaup.de

Zitierte Texte, Literaturverweise und Inspiration

Bode, Katja Nele (2016): »Lachen, Singen, Tanzen. Interview mit Hartmut Rosa«, in: *Brigitte Woman*, 06/2016, 132–138.
Cameron, Julia (2000): *Der Weg des Künstlers. Ein spiritueller Pfad zur Aktivierung unserer Kreativität*, München: Droemer Knaur.
Csikszentmihalyi, Mihaly (1990): *Flow. Das Geheimnis des Glücks*, Stuttgart: Klett-Cotta.
Freudenberger, Herbert/North, Gail (2003): *Burn-out bei Frauen. Über das Gefühl des Ausgebranntseins*, Frankfurt: Fischer.
Gibran, Khalil (1996): *Der Prophet*, Düsseldorf: Walter.
Keil, Annelie (1999): *Wird Zeit, daß wir leben. Wenn Körper und Seele streiken*, München: Hugendubel.
Luig, Judith (2014): *Und jetzt nochmal alle aufs Klo. Wie meine beste Freundin Mutter wurde*, Hamburg: Rowohlt.
Mannschatz, Marie (2010): *Buddhas Anleitung zum Glücklichsein*. München: dtv.
Mannschatz, Marie (2011): *Mit Buddha zu innerer Balance. Wie Sie aus der Achterbahn der Gefühle aussteigen*, München: Gräfe und Unzer.
Mayer, Heike (2015): *Achtsam leben. Das kleine 1x1 für ein Leben im Hier und Jetzt*, München: Scorpio.
Nelting, Dr. Manfred (2010): *Burn-out. Wenn die Maske zerbricht. Wie man Überbelastung erkennt und neue Wege geht*, München: Goldmann.
Niazi-Shahabi, Rebecca (2013): *Ich bleib so scheiße wie ich bin. Lockerlassen und mehr vom Leben haben*, München: Piper.
Puri, Susanne (2014): *Karriere im Eimerchen? Warum Mütter nicht zum Arbeiten kommen*, München: Droemer Knaur.
Raether, Till (2014): »Vom Zauber der Freundlichkeit«, in: *Brigitte Woman*, 12/2014, 59–62.
Reddemann, Luise (2004): *Eine Reise von 1000 Meilen beginnt mit dem ersten Schritt. Seelische Kräfte entwickeln und fördern*, Freiburg: Herder.
Rogers, Carl R. (1973): *Entwicklung der Persönlichkeit. Psychotherapie aus der Sicht eines Therapeuten*, Stuttgart: Klett-Cotta.

Rosa, Hartmut (2016): *Resonanz. Eine Soziologie der Weltbeziehung*, Berlin: Suhrkamp.
Rösinger, Christiane (2012): *Liebe wird oft überbewertet. Ein Sachbuch*, Frankfurt: Fischer.
Sand, Ilse (2016): *Die Kraft des Fühlens. Hochsensibilität erkennen und positiv gestalten*, München: C.H.Beck.
Satir, Virginia (1993): *Selbstwert und Kommunikation. Familientherapie für Berater und zur Selbsthilfe*, München: Pfeiffer.
Schulz von Thun, Friedemann (1998): *Miteinander reden. Band 1–3*, Hamburg: Rowohlt.
Vogel, Ralf T. (2015): *Der Tod ist groß, wir sind die Seinen. Mit dem Sterben leben lernen*, Ostfildern: Patmos.
Watzlawick, Paul (1983): »Die Geschichte mit dem Hammer«, in: *Anleitung zum Unglücklichsein*, München: Piper.
Westhoff, Ralf (2014): *Wir sind die Neuen*. (Kinofilm)
Wetzel, Sylvia (2007): *Worte wirken Wunder. Reden mit Herz und Verstand*, Berlin: Edition Tara Libre 2012.
Wetzel, Sylvia (2014): *Achtsamkeit und Mitgefühl. Mut zur Muße statt Hektik und Burnout*, Stuttgart: Klett-Cotta.
Wetzel, Sylvia (2015): *Vertrauen. Finden, was mich wirklich trägt*, München: Scorpio.

Quellennachweis

S. 11: »Alle Zeit meines Lebens gehört mir«: Ruth Knaup; S. 15: Thich Nhat Hanh aus einem Vortrag; S. 39: Wilhelm Reich (1978): *Christusmord*, Olten: Walter; S. 45 Mary Oliver (1986): übersetzt nach ihrem Gedicht »Wild Geese«, in: *Dream Work*, Boston: The Atlantic Monthly Press; S. 75: Paul Watzlawick aus: *Anleitung zum Unglücklichsein* © 1983 Piper Verlag GmbH, München; S. 117: SARK (Susan Ariel Kennedy): How to be an Artist, erstmals von der Künstlerin als Plakat 1989 gestaltet und seither in vielen Fassungen weiterverbreitet; S. 121: James Baldwin (1962) aus: »From a region in my mind«, erschienen im *New Yorker*; S. 142: aus Khalil Gibran (1996): *Der Prophet*, Düsseldorf: Walter. Inspiration für mehrere Zitate gab das wunderbare Buch von Mike Medaglia (2015): *One Year Wiser. 365 Illustrated Meditations*, London: Self Made Hero (S. 13, 36, 77, 79, 125, jeweils aus dem Englischen übersetzt von Heike Mayer). In manchen Fällen ist es leider nicht gelungen, die ursprüngliche Fundstelle des Zitats ausfindig zu machen. Der Verlag bitte ggf. um eine Nachricht, damit bei einer Nachauflage eine korrekte Quellenangabe erfolgen kann.

Bildnachweis

S.5: marsj/Photocase; S.7: macrovektor/Fotolia; S.8: Ezra Portent/Photocase; S.11: ohneski/Photocase; S.15: manun/Photocase; S.20: MJTH/Shutterstock; S.24: Kunal Mehta/Shutterstock; S.29: LBP/Photocase; S.32: REHvolution.de/Photocase; S.36: Lothar Hennig; S.41: xenia_gromak/Photocase; S.42: frau.L./Photocase; S.45: Mella/Photocase; S.51: JKay/Photocase; S.54: elmue/Photocase; S.58: Oksana Shufrych/Shutterstock; S.60: Dubova/Shutterstock; S.64: sasto/Photocase; S.68: Fotoline/Photocase; S.73: Rike/Photocase; S.80: Patrick Lienin/Photocase; S.87: joexx/Photocase; S.90: Shnipestar/Photocase; S.92: Harald Biebel/Fotolia; S.95: misterQM/Photocase; S.96: riskiers/Photocase; S.99: Revanche/Photocase; S.101: nailiaschwarz/Photocase; S.104: like.eis.in.the.sunshine/Photocase; S.107: olga_lebedeva/Fotolia; S.109: Hello_beautiful/Photocase; S.112: lama_photography/Photocase; S.115: designritter/Photocase; S.123: inkje/Photocase; S.126: Ane_W/Photocase; S.129: dreidreieins fotografie/Photocase; S.130: saskiafranzen/Photocase; S.134: Dubova/Shutterstock; S.139: SunCity/Shutterstock; S.145: m.o.ruehle/Photocase; S.147: suze/Photocase; S.149: anamorphot/Photocase; S.154: riskiers/Photocase; S.156: Bernd Vonau/Photocase; S.157: Michael Lüder

MIX
Papier aus verantwortungsvollen Quellen
FSC® C084279

Umschlaggestaltung: Favoritbuero, München
Umschlagmotiv: Dan Ballard/Getty Images (Foto); Shutterstock (Ornament)
Fotos im Innenteil: siehe Bildnachweis S. 158
Ornamente: Fotolia und Freepiks
Layout, Handlettering und Satz: Friederike Niemeyer, Hamburg
Projektleitung, Lektorat und Bildredaktion: Heike Mayer
Druck und Bindung: Print Consult GmbH, München
ISBN: 978-3-95803-092-3

Wann, wenn nicht jetzt!?

Wie viele Menschen kennst du,
die gestresst oder mit ihrem Alltag unzufrieden sind?
Genau. Zu viele.
Gewinne Selbstvertrauen, gelassene Stärke und Zuversicht
angesichts der Stürme unserer Zeit.

Du kannst jetzt anfangen. **NOW!**

Karin Furtmeier/Heike Mayer
NOW!
Gelassen leben im Hier und Jetzt
Achtsamkeit, Yoga,
Vertrauen ins Leben
Flexobroschur, 160 Seiten
ISBN 978-3-95803-068-8